Hartmut H. Starke
Harald Scherer
Christian A. Buschhoff

# POCKETGUIDE SPORT EVENTS

Hartmut H. Starke
Harald Scherer
Christian A. Buschhoff

# POCKETGUIDE
# SPORT EVENTS

Richtlinien, Daten und Fakten zur Durchführung
von Sport- und Großveranstaltungen

**xEMP**

EXTRA ENTERTAINMENT
MEDIA PUBLISHING

# POCKETGUIDE SPORT EVENTS

Richtlinien, Daten und Fakten zur Durchführung von Sport- und Großveranstaltungen

Hartmut H. Starke, Harald Scherer, Christian A. Buschhoff

Bibliografische Information der Deutschen Bibliothek: Die Deutsche Bibliothek verzeichnet diese Publikation in der Deutschen Nationalbibliografie; detaillierte bibliografische Daten sind im Internet über http://dnb.ddb.de abrufbar.
Die Deutsche Bibliothek stellt auf Anfrage einen Titeldatensatz für diese Publikation zur Verfügung.

1. Auflage 2006
ISBN 3-938862-12-2

© xEMP 2006

**xEMP** EXTRA ENTERTAINMENT MEDIA PUBLISHING
ist eine gemeinschaftliche Herausgeberschaft von CAB Dienstleistungen e.K., Berlin und 4events show & media network H. Scherer, Hannover

Bei der Zusammenstellung von Texten und Abbildungen wurde mit größter Sorgfalt vorgegangen. Trotzdem können Fehler nicht vollständig ausgeschlossen werden. Sofern in dieser Publikation auf DIN-Normen, BG-Vorschriften, Verordnungen oder andere Regelwerke verwiesen wird, handelt es sich um die bei Redaktionsschluss vorliegenden Ausgaben. Für den Anwender einer Norm, Vorschrift, Verordnung oder anderer Regelwerke ist jedoch nur das Regelwerk selbst in der neuesten Ausgabe maßgebend. Verlag und Autoren können für fehlerhafte Angaben und deren Folgen weder eine juristische Verantwortung noch eine Haftung übernehmen.

Redaktion: Harald Scherer, Christian A. Buschhoff, Stefanie Knauer
Titelgestaltung, Layout und Satz: adfacts, Stefanie Knauer, Rheinbach
Lektorat: klare-sprache, Volker Maria Neumann, Köln
Redigierung: Angelo Plate, Berlin

Alle Rechte vorbehalten
Herstellung: Books on Demand GmbH, Norderstedt
Printed in Germany

# Vorwort

Die bauliche und die organisatorische Sicherheit von Versammlungs- und Sportstätten rückt immer mehr in den Fokus der Betrachtungen, nicht erst seit dem tragischen Einsturz der Eissporthalle in Bad Reichenhall zum Jahreswechsel 2005/2006. Die FIFA-WM 2006 führte zudem zu umfangreichen Um- und Neubauvorhaben in zwölf Stadien, so dass Anwender wie z.B. etwa Gastspieldirektionen oder Tourneeproduktionen neue Rahmenbedingungen für die Durchführung von Veranstaltungen in den betroffenen Veranstaltungsorten vorfinden.

Das vorliegende Buch beleuchtet erstmalig Veranstaltungen in Sportstätten aus dem Blickwinkel technischer und organisatorischer Sicherheit. Vorrangig werden Bauwerke des Typs Stadion analysiert. Dort finden zwei grundsätzlich verschiedene Veranstaltungsarten statt: Sport (meistens Fußball) und als Zweitnutzung z.B. Konzerte oder politische Veranstaltungen. Beides wird im Regelfall auf der Basis von Erfahrungswerten durchgeführt. Dabei sind einschlägige Regelungen und Vorschriften zu beachten.

In dieser Publikation werden erstmals empirische Werte aus mehr als hundert Großveranstaltungen herangezogen und in ein Analysemodell zur Dimensionierung von Sanitäts- und Ordnungsdienst überführt. Dieser praxisnahen Betrachtung geht eine umfassende Analyse der baulichen und sozialen Gegebenheiten voraus. Sie wird durch Verweise auf relevante Regeln und Vorschriften ergänzt. Eine Analyse des Publikums aus medienwissenschaftlicher Sicht bietet dem Leser dafür eine theoretische Grundlage und eine weitere Blickrichtung.

Abgerundet wird die umfangreiche Betrachtung durch ein Portrait der zwölf WM-Stadien, die den aktuellen Standard im Sportstättenbau in Deutschland abbilden.

Diese Publikation wendet sich an alle, die Veranstaltungen in Sportstätten planen bzw. organisieren und durchführen. Zusätzlich liefert sie Praktikern auf der Betreiberseite wertvolle Hinweise für die tägliche Arbeit. Das Buch bietet allen Betroffenen und Interessierten eine umfassende Basis für die strukturierte Produktion von Veranstaltungen und die Spieltagsorganisation im „sportlichen Umfeld". Es kann als eigenständige Lektüre dienen, eignet sich aber auch als Ergänzung zum „Praxisleitfaden Versammlungsstättenverordnung" derselben Autoren (xEMP Verlag).

Der Dank der Autoren gilt allen Beteiligten, die uns bei der Erstellung des Buchs unterstützt haben. Dies sind namentlich Stefanie Knauer für Layout und Gestaltung, Dr. Jens Bartels für seine historischen Ergänzungen, Barbara Rieger für die sportwissenschaftliche Hilfestellung, Volker Maria Neumann für den sprachlichen Feinschliff und Angelo Plate für die fachliche Durchsicht und Kritik.

Hannover/Berlin im Januar 2006

Hartmut H. Starke, Harald Scherer, Christian A. Buschhoff

# 1 Das Stadion als Versammlungsstätte

## 1.1 Einführung

Bauten für Zuschauersport sind uns seit der Antike bekannt. Der Terminus „Stadion" beschreibt das altgriechische Längenmaß von 625 Fuß (PFAFF, 2003) und hat sich im Laufe der Jahrhunderte als Bezeichnung für Sportstätten mit hohen Zuschauerzahlen und dafür ausgelegten Tribünen etabliert. Arenen und Amphitheater sind heute noch sichtbare Zeugen für das Sportverständnis in der Antike.

### 1.1.1 Die Anfänge: Antike Bauten für Sportereignisse und ihre Risiken (Dr. Jens Bartels)

Bei folgendem Bericht handelt es sich nicht um den Auszug eines Artikels über die furchtbaren Ereignisse im HEYSEL-STADION im Jahre 1985, als die Fans des FC LIVERPOOL nach Provokationen auf die Anhänger von JUVENTUS TURIN losgingen. Tatsächlich wird hier von einem Ereignis aus dem Jahr 59 n. Chr. berichtet:

> „Zu dieser Zeit führte ein unbedeutender Streit zu einem furchtbaren Blutbad [...]: Mit provinziellem Mutwillen provozierten sie sich, steigerten sich zu Beschimpfungen und griffen schließlich zuerst zu Steinen und dann sogar zu scharfen Waffen. [...] So wurden viele [...] mit verstümmelten Körpern heimgebracht, und manche beweinten den Tod von Kindern oder Eltern."

Die beiden gegnerischen Parteien waren auch nicht die Anhänger zweier Fußballvereine, sondern Bewohner der benachbarten Landstätte Pompeji und Nuceria in Mittelitalien. Ja nicht einmal ein spielerischer Wettstreit war der Anlass zu den Auseinandersetzungen, sondern die Vorführung von Gladiatorenkämpfen. Existieren Parallelen zu den damaligen Ereignissen wenn man beispielsweise die Vorkommnisse im HEYSEL-STADION betrachtet?

Gladiatorenkämpfe widersprechen unserer Vorstellung von Sport als friedlichem Wettkampf. Auffälliger sind die Parallelen zweifellos in Hinsicht auf das Gebäude, das Amphitheater: Wie bei einem Fußballstadion handelte es sich um einen geschlossenen, von stufenartig aufsteigenden Zuschauertribünen komplett umgebenen Bau. Wie die modernen Stadien, waren die Amphitheater Mehrzweckbauten für unterschiedliche

*Abb. 1.1 Krawalle am/im Amphitheater von Pompeji 59 n. Chr., Wandgemälde Pompeji*

Arten von Schauspielen: Heute dominieren Fußball, Rugby, Leichtathletik oder Konzerte, damals faszinierten Gladiatorenkämpfe, Jagdvorführungen mit exotischen Tieren oder gar Hinrichtungen die Zuschauerschaft.

Die kreisförmigen, stufenartigen Tribünen ermöglichten – ebenso wie heute – nicht nur eine gute Sicht auf die Schauspiele, sondern auch eine ebenso gute Sicht auf den Rest des Publikums. Amphitheater waren also ähnlich „reinen" Fußballstadien dazu angetan, eine „Hexenkessel"-Atmosphäre zu schaffen: Das Publikum konnte sich seiner eigenen Massenwirkung bewusst werden und sich entsprechend hochschaukeln.

Das Amphitheater ist allerdings erst die letzte Bauform, die die Antike für Sport-Events hervorgebracht hat. Die ersten Sportanlagen im antiken Griechenland dienten Wettläufen und Pferde- bzw. Wagenrennen. Sie bestanden im Wesentlichen aus der Anhäufung von Erdwällen oder Abhängen an den Längsseiten, die als „Tribünen" für die Zuschauer dienten. Während man z.B. beim Stadion in Olympia immer an dieser alten Form festhielt, wurden später an anderen Orten die Erdwälle und Hänge mit steinernen Sitzbänken bestückt. Die Römer revolutionierten dann das Bauwesen für solche Veranstaltungen: Sie begannen zunächst temporäre, hölzerne Tribünen für Wagenrennen, Theatervorführungen sowie Schaujagden und Gladiatorenkämpfe zu bauen, ehe man dann ab Christi Geburt zunehmend dauerhafte Steinbauten errichtete. Die bekanntesten sind in Rom das Amphitheater (KOLOSSEUM) mit 50.000 und der CIRCUS MAXIMUS mit 150.000 Zuschauerplätzen.

Solche Bauten, besonders wenn sie ganz oder teilweise in Holz ausgeführt worden waren, bedeuteten ebenso wie heute ein erhebliches Risiko für die Gesundheit der Besucher. Es kamen eine Vielzahl „kleinerer" Unfälle vor, bei denen beispielsweise Bauteile (etwa Holztribünen) einstürzten. Die größte bekannte Katastrophe ereignete sich unter Kaiser TIBERIUS, als in einer Provinzstadt nahe Rom ein hölzernes Amphitheater unter dem Andrang der Massen völlig zusammenbrach. Ein antiker Historiker berichtet:

„Diejenigen nun, denen gleich der erste Einsturz den Tod gebracht hatte, entgingen [...] der Qual: mehr zu bedauern waren die, die nach Verlust eines Körperglieds noch lebten; diese versuchten, tagsüber mit dem Auge, nachts am Geschrei und am Stöhnen ihre

Gatten oder Kinder zu erkennen. Bald wurden auch andere durch die Nachricht herbeigezogen, um einen Bruder, einen Verwandten, oder die Eltern zu beklagen [...]. Sobald mit der Aufräumung des Schuttes begonnen wurde, drängte man sich zu den Leichen, um sie zu umarmen, zu küssen; und oft gab es Streit, wenn die Entstellung des Gesichts und die Ähnlichkeit in Gestalt oder Alter die Erkennenden täuschte."

Die historischen Angaben über die Opferzahlen schwanken zwischen 20.000 Toten bzw. 50.000 Toten und Verletzten. Natürlich versuchte man auch damals schon, solche Unfälle für die Zukunft zu verhindern. Es wurden einerseits sehr moderne, andererseits aber auch uns fremde, sehr zeittypische Maßnahmen getroffen: Zunächst wurde eine Bauverordnung erlassen, die festlegte, dass solche Bauten nur dort errichtet werden dürften, wo man die Festigkeit des Baugrundes zuvor ausreichend geprüft hatte. Zum anderen wurde die Konzession für die Errichtung solcher Bauten an ein bestimmtes Mindestvermögen des Konzessionsnehmers gekoppelt. Der Hintergedanke dabei war nicht etwa die Sicherung von Schadensersatzansprüchen. Vielmehr vermutete man bei dem Errichter des zusammengebrochenen Amphitheaters Schlamperei aus Gewinnsucht. Wenn nur noch vermögende Personen solche Bauten errichten würden, so die Überlegung, dann gäbe es keinen Anlass zu Gewinnsucht und mithin auch keine Unfälle mehr. Selbstverständlich war dies nicht der letzte Unfall dieser Art.

### 1.1.2 Sportstättenbau: Aktueller Standard und Anforderungen
Heutige Sportbauten als Nachfolger der antiken Sportstätten unterliegen anderen Anforderungen und Notwendigkeiten bzw. Gestaltungsansätzen. Neben der baulichen Manifestation von rein sportlichen Handlungen haben sich Sportstätten und die dort stattfindenden Ereignisse zunehmend zu gesellschaftlichen Objekten entwickelt. Das bekannteste Beispiel stellen die Olympischen Spiele dar. Fast alle Sportgroßveranstaltungen haben in den letzten Jahrzehnten „quantitativ und qualitativ neue Dimensionen erreicht." (GANS, HORN & ZEMANN, 2003, S. 73) Neben höheren Erwartungen an Sportveranstaltungen (z.B. durch gestiegenes Interesse und höhere Anforderungen der Medien sowohl im Bezug auf Technik als auch auf die gebotenen Inhalte) spielt zusätz-

lich das sich ändernde Freizeitverhalten eine Rolle. Dies erklärt etwa Trends zu aufwändigeren Veranstaltungen und Sonderformen abseits der reinen Sportveranstaltung. Aufgrund dieser Entwicklungen haben sich die Anforderungen sowohl an Sport- als auch an sonstige Veranstaltungen (umgangssprachlich „Events" gennant, darunter fallen z.B. Konzerte) grundlegend geändert. Veranstaltungen, die keine sportliche Prägung haben, aber in bzw. innerhalb der Umgebung von Sportstätten durchgeführt werden, sind hiervon direkt betroffen.

Die beiden Veranstaltungstypen „Sport" und „Event" werden in diesem Werk nicht als Gegensatz verstanden, sondern gemeinsam betrachtet. Soweit es nötig ist, werden Unterschiede und die daraus resultierenden Herangehensweisen herausgearbeitet und getrennt dargestellt. Dies gilt auch für mögliche Mischformen.

Der vorliegende Pocketguide schafft erstmalig eine breite Informationsbasis und soll dazu beitragen, Unsicherheiten auf Seiten der Betreiber, der Veranstalter, der Tourproduktionen und auch der betroffenen Nachbarn auszuräumen. Außerdem soll dem Leser eine klare Arbeitsanleitung für die Durchführung jeglicher Veranstaltungen im „sportlichen" Umfeld an die Hand gegeben werden. Aufgrund räumlicher Beschränkungen wird fallweise auf weiterführende Literatur bzw. Vorschriften verwiesen.

### 1.1.3 Ableitung des Analysekonzepts

Nach grundlegender Informationsaufarbeitung aus den Bereichen Bau und Unterhaltung von Sportstätten erfolgt eine umfassende Sicherheitsbetrachtung verschiedener Veranstaltungen in Sportstätten. Es werden soweit nötig und möglich die Betrachtungen aus der Perspektive **Sport** den Betrachtungen aus der Veranstaltungssicht **(Event)** gegenübergestellt. Anschließend werden die Zuständigkeiten und Verantwortlichkeiten in beiden Nutzungsarten analysiert und dargestellt. Auf der Basis der gesammelten Erfahrungen folgen Beispielberechnungen für die so genannte Gefährdungsanalyse, mit der es möglich ist, Gefahrenpotenziale einzuschätzen und z.B. Rettungs- und Ordnungsdienst angemessen zu dimensionieren. Diese Innovation wird abgerundet durch einen Serviceteil, in dem unter anderem die zwölf deutschen WM-Stadien mit umfassenden Datenangaben vorgestellt werden.

## 1.2 Sportstättenbau und Betriebsvoraussetzungen

Der baulichen Gestaltung einer *Veranstaltungsstätte* liegen der Wille und die Absichten des Betreibers zugrunde. *Betreiber* ist der Inhaber der Baugenehmigung für die Versammlungsstätte und Besitzer der Verfügungsgewalt über die Versammlungsstätte. Der bauliche Wille drückt sich in den architektonischen Ausmaßen der Baulichkeit, den Wegeführungen, den Sport- bzw. Darstellungsflächen, den technischen Nebenbereichen und den Publikumsbereichen (Tribünen und Innenräume) aus. Hinzu kommt der unmittelbare Umgebungsbereich auf dem Grundstück (Zugangswege, Bereitschaftsflächen für Dienstleister, Löschangriffs- und Rettungswege sowie landschaftsgestalterische Maßnahmen) dessen Ausführung sich aus der Idee, der Funktion und dem Gestaltungswillen ergibt.

Die Analyse der Gründe für den Bau einer Sport- bzw. Veranstaltungsstätte ist eine der Voraussetzungen für deren dauerhaften und erfolgreichen Betrieb, insbesondere bezogen auf die Integration in das gesellschaftliche Leben und das Umfeld des Standortes. Dabei handelt es sich nicht nur um eine Frage der Akzeptanz der Anlage in der Öffentlichkeit, sondern auch um eine Überlebensfrage aus wirtschaftlicher Sicht. Einer solchen Analyse bedarf es sowohl in der Planungsphase von Sport- bzw. Versammlungsstätten, als auch bei schon bestehenden Anlagen im laufenden Betrieb.

Die Investitionen in den Bau einer Sportanlage, insbesondere bezogen auf den Spitzensport, stellen eine Frage der wirtschaftlichen Gestaltung des Betriebes *Sportverein* dar. So besteht für die meisten Betreiber die Notwendigkeit, anderweitige Nutzungen als Sport mit einzubeziehen. Hier liegt die Nutzung der vorhandenen Sportstätte als Eventstätte bzw. Versammlungsort nahe. Dadurch ergibt sich ein originäres Interesse des Betreibervereins an dieser Sekundärnutzung. Gleichzeitig aber entsteht aufgrund dieser Sekundärnutzung ein Spannungsverhältnis zwischen sportlicher Nutzung auf der einen und Event-Nutzung auf der anderen Seite.

### 1.2.1 Der erfolgreiche Betrieb eines Stadions

Eine Sportstätte erfolgreich zu betreiben, bedeutet nicht nur, die Örtlichkeit so zu errichten und instand zu halten, dass Sport erfolgreich stattfinden kann, sondern auch die Wirtschaftlichkeit des Betriebs zu sichern. Dies bedarf der Unterstützung durch Förderung – sei es durch öffentliche oder private Sponsoren. Deren Wohlwollen zu erwerben und zu erhalten, ist nicht nur eine der wesentlichen Aufgaben des jeweiligen Vereinsvorstandes, sondern muss von allen Anhängern mitgetragen werden.

Hinzu kommt die Notwendigkeit, die Akzeptanz für alle Nutzungsarten in der Öffentlichkeit zu erarbeiten und zu erhalten. Das manifestiert sich in den politischen Gremien auf kommunaler Ebene, über den Landtag bis hin zu Bundesinstitutionen. Die Parteien sind die wesentlichen, verfassungsmäßigen Träger des politischen Willens. Damit sind sie Ansprechpartner für die Vorhaben und Planungen in allen Bereichen des Sports und der Events. Schließlich gestalten die parlamentarischen Institutionen die Gesetze und weisen in den Haushalten den gesellschaftlichen Gruppierungen die öffentlichen Mittel zu.

Insbesondere in den Bereichen der Akzeptanz der zusätzlichen Belastungen und der Unterstützung durch die Behörden ist die Lobbyarbeit z.B. im kommunalen Bereich ein wichtiger Faktor.

Denn nur wenn diese Akzeptanz erreicht ist, werden die vom Betrieb verursachten Belastungen der Infrastruktur und auch die finanziellen Anforderungen angenommen.

Den derzeitigen Stellenwert des Sportes kann man einer Veröffentlichung des Bundesministeriums des Innern aus dem Jahr 2005 entnehmen, wonach die Bundesregierung insgesamt fast 25 Millionen Euro für die Förderung des Sportstättenbaus im Spitzensport zur Verfügung stellt. „Trotz notwendiger Haushaltskonsolidierung ist dies eine Steigerung um ca. 2 Millionen Euro gegenüber dem Vorjahreszeitraum." (BMI, 2005 A)

## 1.2.2 Die Interessen des Sportvereins als Träger und Bauherr von Sportstätten

Das Interesse des Vereins liegt originär in der Sportausübung. Dieses bedingt zwangsläufig die Schaffung einer geeigneten Sportstätte zu diesem Hauptzweck. Unabhängig von der Größe der schließlich entstehenden Anlage handelt es sich beim Bauinteresse eines Vereines primär um die auf die Sportausübung bezogene Entscheidung einer verhältnismäßig kleinen gesellschaftlichen Gruppierung, namentlich des betreffenden Vereines mit seinem Vorstand als Willensträger. Dieser Vorgang ist in erster Linie unabhängig vom Umfeld der künftigen Sportanlage zu sehen.

Der Mannschaftssport mit den Prinzipien des Kampfes um den Sieg, der Polarisation in Sieger und Verlierer, mit streng geregelter körperlicher Auseinandersetzung entspricht einer der ältesten menschlichen Traditionen. Über die Integration der Zuschauer (vgl. hierzu Abschnitt 1.3) als unabdingbarerer Teil des Sportgeschehens in den Spielablauf erfolgt dann die Einbindung in weitere gesellschaftliche Bereiche. Dies bedingt Konkurrenzen über den Verein, die Kommune, die Nation hinaus in Form von Turnieren. Damit ist der Sport, und hier insbesondere der Fußballsport, ein Spiegel der lokalen, nationalen und globalen gesellschaftlichen Struktur. Das muss bei der notwendigen Betrachtung des Zuschauerverhaltens bei Sportveranstaltungen als Grundlage der Sicherheitsüberlegungen mit einbezogen werden. Dieses gilt bereits für die örtlichen Vereine mit ihren Pflicht- und Freundschaftsspielen – und besonders für deren Turniere. Durch die Tatsache, dass gerade der Fußball, egal in welcher Spielklasse, nicht nur die beiden konkurrierenden Mannschaften betrifft, sondern ein Zuschauersport ist, bindet er sich in weitere Kreise der Gesellschaft ein, wird zum Identifikations- oder auch Diversifikationsobjekt. Darauf wird im folgenden noch eingegangen.

Aus dem Sportgeschehen ergeben sich im Umfeld des Stadions Belastungen durch den Zuschauerverkehr oder den Spielbetrieb. Auch die investitionsintensiven Bereiche Bau, Unterhaltung und Betrieb der Anlagen konkurrieren mit den Ansprüchen anderer gesellschaftlicher Gruppen in der Kommune, dem Land oder dem Bund. Hieran machen sich Probleme fest, die von verdeckter bis zu offener Gegnerschaft reichen können.

### 1.2.3 Die öffentliche Bewertung von Sportveranstaltungen

Das geschichtlich manifestierte Interesse der Öffentlichkeit und des Staates am Sport, gemeinsam mit der gesetzlichen Verankerung desselben, führt zu einer signifikanten Toleranz gegenüber finanziellen oder anderen Belastungen der öffentlichen Haushalte oder der Infrastruktur der Gemeinde bei Sportveranstaltungen. Es handelt sich also beim Sport, und insbesondere beim Fußball, um ein politisches und wirtschaftliches Geschehen von allgemeinem Interesse. Dies zeigt sich insbesondere darin, dass der Sport mit allen seinen Bereichen immer Bestandteil der jeweiligen Regierungsprogramme ist, und u.a. ein wesentliches Ressort der Innenministerien die Sportressorts sind.

Hinzu kommen die vom Finanzvolumen her recht umfangreichen Programme der Länder und des Bundes. Sowohl der Breiten- als auch der Spitzensport sind nationale Anliegen. Was allerdings auch für die den Sport tragenden Vereine enorme Verpflichtungen zur Wirksamkeit und zum Erfolg darstellt.

Sponsoren sind Wirtschaftsfaktoren für alle Beteiligten: Vereine, Betreiber und Veranstalter. Und das ist mindestens genauso wichtig für die Kommunen, in denen sie investieren und produzieren. Daher ist ihr Einfluss im politischen Bereich nicht zu unterschätzen. So ist es selbstverständlich, dass die geförderte Sport- oder Eventstätte auch den Namen des Geldgebers trägt. Das führt gelegentlich zur Polarisierung, ja in Teilen zur Ablehnung dieser Namensgebung.

### 1.2.4 Die öffentliche Bewertung von Events

Das öffentliche Interesse im Bereich von Kunst und Kultur ist ebenfalls institutionalisiert, und zwar in der Form der staatlichen oder kommunalen Trägerschaft der großen Theater als historisches Erbe insbesondere des 19. Jahrhunderts („Subventionstheater"), weiterhin in der Trägerschaft von Museen und der Förderung alternativer Kulturstätten. Dieser neue Teil der Kulturszene hat sich aus den Bürgerinitiativen der sechziger und siebziger Jahre des 20. Jahrhunderts entwickelt.

Alle anderen Betriebsstätten und -formen der Veranstaltungsbranche sind zwar auch Teil des öffentlichen Lebens – ihre Durchführung ist jedoch reine Privatsache. Das heißt, dass hier nur das persönliche Interesse der beiden „Geschäftspartner" Veranstaltungsunternehmen (Erwerbsbetrieb) und Zuschauer (Kunde) ausschlaggebend sind. Dementsprechend ist die Bereitschaft, Belastungen der Infrastruktur des Standortes zu tolerieren, bei den nicht Beteiligten gering. Die Bereitschaft finanzielle Risiken über die öffentlichen Haushalte durch Garantien, Bürgschaften oder Zuschüsse mitzutragen ist im Regelfall noch geringer.

Auch wirkungsvolle Lobbyarbeit vermag nicht immer zu verhindern, dass eine Veranstaltung an ihren nicht oder nicht mehr von der Umwelt tolerierten Randbereichen scheitert. Deutlichstes Beispiel ist das Schicksal der LOVEPARADE in Berlin. Die weltgrößte Parade dieser Art starb unter anderem an ihren Hinterlassenschaften. Die Verschmutzung des Tiergartens wurde öffentlich nicht toleriert, und die Kosten für die Regenerierung waren nicht aufzubringen.

Weiterhin sollte man sich vor Augen führen, dass die Kosten wirklich großer Veranstaltungen, die ein Stadion füllen, lediglich über den Kartenverkauf kaum noch abzudecken sind. Die großen Tourneen der letzten Jahrzehnte hätten ohne Unternehmenssponsoring kaum in der Form stattfinden können. Dabei gibt es Beispiele von Sponsoring, die von der Vermarktung bis hin zum Absatz von Spezialeditionen der Produkte des Mäzens mit dem Logo der Tournee abgewickelt worden sind. Hier sei beispielhaft die Rolling-Stones-Tour 1998 („BRIDGES-TO-BABYLON") genannt, die vom Automobilkonzern VOLKSWAGEN in dieser Weise gefördert und vermarktet wurde, bis hin zum begleitenden Sondermodell *Golf Rolling Stones* (zu weiteren Erscheinungsformen des Eventmarketings und Sponsorings vgl. BRUHN, 2005).

Überaus erfolgreiche Großevents bedeuten zudem eine erhebliche Steuereinnahme für die betroffene Kommune: Ein Rock'n-Roll-Event mit einem Megastar wie ROBBIE WILLIAMS und 75.000 Besuchern sichert der öffentlichen Hand in der Regel Einnahmen im siebenstelligen Bereich.

### 1.2.5 Kosten der öffentlichen Sicherheit und Ordnung: Polizei und Feuerwehr

Die angespannte Finanzlage der öffentlichen Haushalte und die daraus resultierende Kostendiskussion hat auch für die Träger der **Polizei** die Frage nach der Übernahme von Einsatzkosten aufgrund von sportlichen und anderen Großereignissen aufgeworfen. Bei den zu erwartenden weiteren Kürzungen der staatlichen Budgets werden dem Sport und den Events abgeneigte Gruppierung diese Frage sicher erneut diskutieren.

Dabei wird in diesen Diskussionen versucht, das Verursacherprinzip in der Prävention und Abwehr von Straftaten bzw. der Wahrnehmung von Ordnungsaufgaben in unzulässiger Weise umzudeuten. Die Prävention und Abwehr von Straftaten ist eine Grundaufgabe der staatlichen Institutionen, die dazu dient, die grundgesetzlich garantierte freie Entfaltung der Persönlichkeit zu gewährleisten.

Verursacher der Einsätze ist in diesem Sinne nicht der Bürger, der seinem Sport frönt oder sich kulturell betätigt, sondern der Gewalttäter, der sich in krimineller Absicht gesetzeswidrig verhält und andere Individuen in ihrer Freiheit einschränkt.

Die Übernahme von Kosten für Brandsicherheitswachen durch die Vereine und Veranstalter stellt die Abgeltung für eine zusätzliche, kommunale Dienstleistung der **Feuerwehr** dar. Einige Bundesländer geben in ihren Brandschutzgesetzen bereits die Möglichkeit, diesen Part als Betreiber selbst zu übernehmen. Das klingt im ersten Augenblick verlockend, wirtschaftlich stellt es jedoch eine zusätzliche Last dar. Es genügt schließlich nicht, am Spiel- oder Veranstaltungtag eine Sicherheitswache vorzuhalten. Personal und Material sind dauerhaft ein Kostenpunkt im Haushalt des Vereins, ebenso Kosten für Aus- und Weiterbildung. Zusätzlich verfügen die Feuerwehren generell über besser und umfassend ausgebildete Kräfte.

### 1.2.6 Der *Fanfaktor* bei Sportstätten: individuelle und regionale Identifikation

Aufgrund der gesellschaftlichen Entwicklung mit ihren Leistungsansprüchen an den Einzelnen und an den Sport, sowie des Identifikationswunsches der Sportinteressierten wird die Sportausübung schon in mittleren Leistungsbereichen zum gesellschaftlichen Polarisationsobjekt. An die Regionalligen werden seitens der Öffentlichkeit und der

Fans bereits hohe Leistungsansprüche gestellt, in den höheren Ligen wird die Sphäre des Höchstleistungssportes sukzessive erreicht.

Die kämpferische Auseinandersetzung mit der gegnerischen Seite als Grundlage des Spiels führt zur Identifikation mit der eigenen Mannschaft. Dieses ist in erster Linie eine positive menschliche Verhaltensweise der Bildung von Zugehörigkeit. GABLER, SCHULZ und WEBER (1982) sehen dieses Zugehörigkeitsgefühl „als gemeinsame Indentifikation mit der unterstützten Mannschaft", durch die mittels „Wir-Gefühl .. das eigene Selbstwertgefühl [...]" gesteigert wird. Innerhalb der durch GABLER (1998) entwickelten Klassifikation der Zuschauermotivation entspricht die angeführte Motivform dem „Achievement Seeking Motiv", dessen Kerninhalte im Streben nach Zufriedenheit, Identität und sozialer Anerkennung liegen. GABLER erweitert dieses Motiv um das so genannte „Affiliation-Motiv", mit dem das Bedürfnis des Zuschauers nach Kontakt und Zugehörigkeit zu einer Gruppe gemeint ist. Für PFAFF (2003) erklärt sich dieses Motiv aufgrund des „Gemeinschaftsverlust und [der] Abnahme von sozialen Kontakten im Rahmen der gesellschaftlichen Modernisierung".

Problematisch wird dieses nur dann, wenn sich die Identifikation der Fans mit ihrer Mannschaft in direkte Aggression bis hin zur Gewaltausübung steigert. Hier sind Gruppenprozesse mit ihrer Dynamik von großer Bedeutung (vgl. hierzu Abschnitt 1.3).

Die Anwesenheit von VIPs („very important persons") stellt unter Umständen einen Polarisationspunkt für bestimmte Gruppierungen innerhalb der Gesellschaft dar. Zur Erklärung für dieses Phänomen kann nach GABLER die Tatsache der Selbstpräsentation durch VIPs herangezogen werden. Stadien moderner Bauart verfügen vermehrt über exponierte und luxuriöse Sonderlogen, die als Teil der veränderten Vermarktungskonzepte von Sportstätten einer zahlungskräftigen Klientel Sonderrechte einräumen und dies auch für die übrigen Zuschauer im Stadion deutlich sichtbar wird. Soziale Abgrenzungen erleben hier eine expressive Form und können zu Konflikten zwischen regulären Besuchern und mit Sonderrechten ausgestatteten VIPs führen.

Dies bedeutet, dass solche Situationen immer sicherheitsrelevant sind und ausreichender Prävention bedürfen. Besondere Dimensionen kann diese Polarisierung annehmen, wenn Antagonismen mit einfließen, die z.B. mit ethnischen, nationalen oder sozialen Zugehörigkeiten verbunden sind. Dabei zeigt auf der anderen Seite die Vergangenheit, dass große Vereine und ihre Stadien nicht nur ein Wirtschaftsfaktor für das Gemeinwesen sind, sondern insbesondere eine stark stabilisierende, also positive Rolle in Zeiten komplexen, strukturellen Umbruchs spielen können.

In der tiefen Strukturkrise des Ruhrgebietes war etwa SCHALKE 04 das Identifikationsobjekt in der Region. Von der Leistung seiner Spieler hing unglaublich viel für die positive Stimmung und letztlich dem Willen zur Veränderung ab. Daher war auch der Bau der „ARENA AUF SCHALKE" (zum Zeitpunkt der Drucklegung „Veltins-Arena") eine gesellschaftliche Notwendigkeit, die ihre Wirkung nicht verfehlt hat. Hier wurde die Doppelnutzung als Sport- und Eventstätte von Anfang an geplant. Dies brachte auch eine Belebung des Wirtschaftsklimas über den Sport hinaus mit sich.

Somit sind Vereine und Sportstätten auch durchaus ein Spiegelbild der Stimmung und des Selbstverständnisses einer Stadt oder Region.

Man kann sich in diesem Zusammenhang fragen, wieso der deutsche „Supermeister" FC BAYERN MÜNCHEN ausgerechnet in der bayerischen Landeshauptstadt beheimatet ist. Als Arbeitshypothese könnte dienen, dass eine Stadt wie München mit ihrem soliden, jahrhundertealten Bürgertum und gewachsener, gesunder Wirtschaftsstruktur von der Stimmung und vom Wirtschaftspotenzial her Spitzenunternehmen hervorbringt und kommentarlos und selbstverständlich fördert. Allerdings Leistung nicht nur honoriert, sondern im Gegenzug erwartet.

Eine derartige Sozialstruktur manifestiert sich in entsprechenden Bauten. Belege hierfür sind der Flughafenbau MÜNCHEN ERDINGER-MOOS und die nun neu gebaute „ALLIANZ-ARENA". Kontrovers dazu können aber gerade in Regionen mit hoher Wirtschaftskraft politische und gesellschaftliche Entscheidungen besondere Kapriolen schlagen, wie etwa im Fall der Abrissdiskussion des 1972 erbauten symbolträchtigen OLYMPIASTADIONS in München (siehe Kapitel 5).

Eine gänzlich andere Situation könnte man hypothetisch für HANSA ROSTOCK annehmen. Rostock besitzt zwar inzwischen eine recht gute Infrastruktur, leidet aber unter großer Arbeitslosigkeit, Abwanderung und stagnierendem Wirtschaftsleben. Hier ist der frühere Hintergrund der alten „Qualitätsmannschaft" mit dem Verschwinden der DDR weggebrochen. Im Gegensatz zu München kann dieser Raum weder den finanziellen noch den ideellen Hintergrund für seine Fußballmannschaft ausreichend bilden. Es entsteht dadurch zusätzlich ein großes emotionales Problem für die Fans, die sich im erfolgreichen Spiel „ihrer" Mannschaft ein positives Signal und Erlebnis wünschen. Der Abstieg des Clubs aus der ersten Fußballbundesliga bestätigt das Gefühl der eigenen Hilflosigkeit in weiten Fan-Bereichen. Zudem sind keine übermäßigen öffentlichen Zuschüsse für den Sportstättenbau zu erwarten. Die Bewerbung Leipzigs für die Olympischen Sommerspiele 2012 (von denen Rostock als Küstenstandort profitiert hätte) war ein sportlicher Hoffnungsschimmer. Den Zuschlag erhielt jedoch Mitbewerber London – über die möglichen Hintergründe soll hier nicht spekuliert werden.

Eine andere Situation, als drittes Beispiel, zeigt sich beim VfL WOLFSBURG. Natürlich ist der VfL nicht auf die Werksmannschaft des VW-Konzerns reduziert, sondern ein großer und eigenständiger Traditionsverein. Doch der soziale Hintergrund, der diesen Verein trägt, ist das VW-Werk und insbesondere dessen selbstbewusste Arbeitnehmerschaft. Ähnlich wie in München ist daher die wirtschaftliche Seite bei der Schaffung einer neuen Arena sowohl von der Akzeptanz als auch dem finanziellen Potenzial leichter zu realisieren als in vergleichbaren strukturschwachen Regionen, die nicht über ein Unternehmen dieser Wirtschaftskraft am Standort verfügen.

### 1.2.7 Der *Eventfaktor* in Versammlungsstätten

Da der Betrieb eines Stadions im Wesentlichen auch ein Wirtschaftsunternehmen ist, sind Rentabilität und Refinanzierung wichtige Diskussionsfelder. Dieser Faktor „Bezahlbarkeit" tritt nicht nur bei den Bundesligastadien auf. Betreiber dieser Anlagen streben eine Mehrfachnutzung an. Der Eventbereich ist die in der Regel als „Zweitnutzung" angestrebte Nutzungsart. Dabei ist die Bandbreite der *Eventszene* enorm. Kirchentag,

Hardrockevent, Parteihappening oder klassische Oper seien nur beispielhaft angeführt. Die Einbindung anderer Sportarten ist von den sportspezifischen Anforderungen bei reinen Fußballstadien kaum noch möglich, und auch auf der wirtschaftlichen Seite weit weniger effektiv. Dennoch existieren diese Nutzungsarten vereinzelt. Als Beispiel kann die recht erfolgreiche und zuschauerträchtige Serie der American-Football-Spiele im Ligabetrieb dienen. Auch Einzelveranstaltungen wie z.B. Leichtatlethikmeisterschaften sind denkbar, in den Fußballarenen neueren Datums jedoch kaum noch möglich, da die sportlich notwendige Infrastruktur (Laufbahn, Weitsprunganlage etc.) vielfach nicht mehr vorhanden ist (vgl. Ausstattung der WM-Stadien, Kapitel 5). Diese Überlegungen müssen sowohl bei der wirtschaftlichen Kalkulation des Baus als auch in der Haushaltsplanung des Betriebes eine zentrale Rolle spielen.

Das Zuschauerverhalten ist im Eventbereich anders als beim Sport. Abgesehen von wenigen Ausnahmen schließt sich Konkurrenz als Darstellung (Wettkampf) in solchen Veranstaltungen per Definition aus. Es gibt bei solchen Veranstaltungen auch keinen Sieger oder Verlierer, sondern nur Menschen, die ein gemeinsames, positiv bestätigendes Erlebnis anstreben, und im Regelfall erhalten. Hier geht es nur um ein Erleben von z.B. Musik oder dramaturgischer Inszenierung. Besucher solcher Veranstaltungen fühlen sich als Gewinner eines positiven Erlebnisses. Die Identifikation der Besucher mit den Akteuren und deren Darbietung ist konkurrenzlos. In postmodernen Gesellschaften nimmt diese Erlebnisorientierung zu (SCHULZE, 2005). Als Gründe lassen sich das Streben nach hedonistischer Selbstverwirklichung, steigender Wohlstand, Freizeit- bzw. Mobilitätszuwachs und Wandel der Lebensbedingungen hinsichtlich Arbeiten und Wohnen identifizieren (PFAFF, 2003). Der Konsument versorgt sich nunmehr nicht nur mit lebensnotwendigen Dingen, sondern wandelt sein Konsumverhalten hin zum Erlebniskonsum. OPASCHOWSKI (2000) identifiziert die Manifestationen dieses Konsumwandels in der Entstehung von „kommerziellen Erlebniswelten", z.B. Themenparks, Einkaufserlebniscentern, Großkinos und eben den hier behandelten Open-Air-Events.

## 1.2.8 Problemfelder aus Fan- und Eventfaktor

Die Verhaltensweisen der Besucher mit ihren unterschiedlichen Ausprägungen anhand der Strukturen des Sportes bzw. der Veranstaltungen bedingen unterschiedliche Bauformen, Baumaßnahmen und Organisationsstrukturen sowohl im eigentlichen Bauwerk als auch im Umfeld. Zur Untersuchung der baulichen Gestaltung ist es daher sinnvoll, die Ansprüche der Nutzungen für *Sport* (Fußball) auf der einen und *Event* auf der anderen Seite gegenüber zu stellen. Dies soll im Folgenden weiter untersucht werden. Hierzu ist es zunächst sinnvoll, die Zuschauerschaft von Sport- und Großveranstaltungen detailliert zu betrachten.

# 1.3 Akteure im Sport: Athleten, Zuschauer und Medien

### 1.3.1 Die Wechselwirkung zwischen Athlet und Zuschauer bzw. Zuschauer und Umfeld

Um Siege zu erringen bedarf es nicht nur der sportlichen (körperlichen) Leistung, der geistigen Leistung des Zusammenspiels, der Taktik und Strategie aller Beteiligten, sondern auch des Siegeswillens in der direkten Auseinandersetzung mit dem Gegner. Dieses implementiert die Notwendigkeit der Kultivierung von Aggression im Regelwerk, mit strenger Reglementierung des Geschehens als notwendige Voraussetzung zum Sieg, und enthält auch die Notwendigkeit, positive wie negative Emotionen zu beherrschen.

### 1.3.2 Problemlage beim Fußballsport

Da es sich beim Fußball um einen Zuschauersport handelt, ist der bereits erwähnte *Fanfaktor* für die Leistungssituation mitbestimmend. Die Emotionen der Spieler, ihr Verhaltenskodex, das „Fair Play" sind bestimmend für die Fanreaktionen, und diese wiederum mitbestimmend für die spielerische Leistung. Neben dem rein sportlichen Aspekt ist der Leistungssport, und hier insbesondere der Profifußball, natürlich ein Wirtschaftsfaktor, der durchaus für Regionen mitbestimmend sein kann. Daher ist das Extremverhalten von Gewaltbereiten ein Risiko. Vielfach wird die Frage gestellt, ob besonders gewaltgeneigte Besucher (so genannte *Hooligans*) überhaupt als Sportfans bezeichnet werden dürfen. Hier liegt der Schluss nahe, dass derartige Personen und Gruppierungen sich nur der Gelegenheit der Sportveranstaltung bedienen, um ihre Aggressionen möglichst anonym auszutoben. Der gesamte Abschnitt 1.3 beleuchtet zu diesem Zweck die Rolle der Akteure (und vornehmlich der Zuschauer) bei Sportveranstaltungen und zeigt Relationen zum Publikum von Events auf.

### 1.3.3 Zuschauer von Sportveranstaltungen: Motivation, Aggression, Gefahrenpotenziale

Es müssen zunächst zwei verschiedene aber dennoch miteinander verwobene Dimensionen von Gefahr differenziert werden:

- das Gefahrenpotenzial durch die Versammlung großer Menschenmengen und das damit einhergehende Risiko von Unfällen durch Stürze, Panik, bauliche Mängel etc.
- die körperliche Gefährdung von Zuschauern durch gewaltbereite und konfliktgeneigte Zuschauerschaft

Erstgenannter Gefahrengruppe kann mit Vorsorgemaßnahmen, Planung und Regulierung, also mit Vorschriften und Überprüfung von deren Einhaltung begegnet werden. Vorhandenes Gewaltpotenzial, Ursachen, Entstehung und Reaktion darauf (als zweite genannte Gefahrendimension) bedürfen einer gesonderten Betrachtung:

Zuschauer besuchen Sportveranstaltungen aus sehr unterschiedlichen Gründen. Dabei divergieren die jeweiligen Zielvorstellungen und Präferenzen individuell. Grundsätzlich lässt sich zunächst feststellen, dass die Zuschauerschaft von Sportveranstaltungen aus allen Bevölkerungsschichten stammt, sowie altersübergreifend strukturiert ist. Sie betrachtet Sportveranstaltungen als „wichtigen Teil ihrer Freizeitgestaltung" (FRIEDERICI, 1998, S. 55). Das umfassende Interesse am Sport und dessen hoher gesellschaftlicher Stellenwert lässt sich in erster Linie ablesen an der gestiegenen Berichterstattung über Sport: Die Etablierung von Sportspartensendern, Fachzeitschriften und die mediale Aufbereitung von bislang eher unpopulären Sportarten kann als Beleg dafür herangezogen werden (SCHWIER, 2002). Speziell Fußballspiele haben den Ruf, ein besonders aggressives Publikum anzuziehen. Und gerade bei Fußballspielen ereigneten sich eine Vielzahl an Unfällen und Katastrophen: LITTMANN (2004) spricht von einer „Historie des Schreckens", als Beispiele seien hier genannt:

*24. Mai 1964*: 350 Tote bei Ausschreitungen in Lima zwischen rivalisierenden Fangruppen aus Peru und Argentinien

*17. Februar 1974*: 48 Tote in Kairo, durch Bruch einer Begrenzungsmauer während eines Ligaspiels

*20. Oktober 1982*: 340 tote Fans beim Europapokalspiel zwischen SPARTAK MOSKAU und dem FC HAARLEM nach Panik auf einer Stehplatztribüne

*11. Mai 1985*: 56 Tote nach Brand einer Holztribüne im englischen Bradford

*29. Mai 1985*: 39 Tote beim Europapokalendspiel zwischen dem FC LIVERPOOL und JUVENTUS TURIN im Brüsseler HEYSEL-STADION nach Auseinandersetzungen und anschließendem Zusammenbruch einer Tribünenmauer

*15. April 1989*: 95 Menschen stürzen in den Tod bei der Flucht von einer Tribüne während des Spiels FC LIVERPOOL gegen NOTTINGHAM FOREST in Sheffield

*16. Oktober 1996*: 79 Tote vor dem WM-Qualifikationsspiel zwischen Guatemala und Costa Rica

Fußball und Gewalt scheinen untrennbar miteinander verbunden zu sein, und es sind keine einzelnen Akteure oder Verrückte, die durchdrehen, sondern das mit der Massensportart Fußball verknüpfte Aggressionspotenzial scheint große Menschenmengen zu erreichen und diese zu mobilisieren. Natürlich sind nicht alle Besucher von Sportgroßveranstaltungen gewalttätig. Folgt man FRIEDERICI (1998), so kann man eine Besuchertypologie basierend auf folgenden Dimensionen entwerfen:

- Verhalten
- Interesse an der Sportart
- Kompetenz
- Differenzierung nach Alter

- sozialer Status
- sportartspezifisches Gewaltpotenzial

Anhand dieser Dimensionen lassen sich verschiedene Besuchergruppen („Cluster") mit unterschiedlichen Aktivierungspotenzialen anhand ihrer Merkmale differenzieren:

- der sportuninteressierte Zuschauer
- der zufällige Zuschauer
- der ruhige Zuschauer
- der objektive Zuschauer
- der Experte
- der „Pseudoexperte"
- der Fan
- der Hooligan

Die kriminalpräventiv Verantwortlichen sehen die Zuschauerschaft nicht in dieser wissenschaftlich exakten Weise differenziert: Für HENNES (1993, 1994) beispielsweise sind 95 % der Zuschauer bei Fußballspielen „friedlich und friedliebend", als konfliktgefährdet stuft er weniger als 5 % ein und unter 1 % seien „gewalttätig und gewaltbereit" (S. 34). Die Betrachtung der unterschiedlichen Zuschauergruppen erfolgt heute bei den Sicherheitsbehörden nach einer A-B-C Einteilung: Zur Kategorie der A-Fans zählt man die ausschließlich am (Fußball)-Sport interessierten Zuschauer, B-Fans hingegen neigen zu gelegentlicher Aggression und C-Fans bezeichnet die Gruppe der sog. Hooligans. Ob diese Klassifizierung ausreicht, Schnittmengen gebildet und Feindifferenzierungen fallweise eingeführt werden sollten, ist immer wieder Diskussionsgegenstand bei den Verantwortlichen (LÖSEL, BLIESENER, FISCHER & PABST, 2001, S. 11 und S. 49). Die A-B-C-Systematik hat sich jedoch im Großen und Ganzen zur Lageeinschätzung bewährt und wird an späterer Stelle in den Sicherheitsbetrachtungen dieses Werkes erneut aufgegriffen werden.

## 1.3.4 Literaturüberblick: Fußballzuschauer und Gewalt

Das Phänomen *„Gewalt in der Zuschauerschaft"* ist selbst heutzutage nur lückenhaft erklärt bzw. es existiert keine einheitliche Erklärung. Vorliegende Ausführungen sollen dem interessierten Leser verschiedene Ansätze zur Erklärung des Phänomens und weiterführende Literatur bieten. Dabei sind Zuschauerphänomene nicht nur bei Sportveranstaltungen, sondern auch bei der in diesem Werk betrachteten Eventnutzung von Belang.

Bezogen auf den Sport ist häufig von Hooligans die Rede. Hooligan ist (u.a. nach LÖSEL, BLIESENER, FISCHER & PABST, 2001) die Bezeichnung für eine Person, die vor allem im Rahmen bestimmter Sportereignisse durch aggressives und destruktives Verhalten auffällt. Hooligans treten häufig in größeren Gruppen junger Personen auf und haben eine hohe Gewaltbereitschaft, was allerdings nicht auf das „normale" Leben eines Hooligan zutreffen muss, da es recht unterschiedliche Charaktere unter den Hooligans gibt. Für die Vertreter der Judikative ist die Gewaltbereitschaft der Hooligans „Bestandteil der menschlichen Grundausstattung", wobei HENNES im speziellen Fall davon ausgeht, dass „die Täter .. junge, labile, gemütsarme Psychopathen [sind], deren Abnormität aber keinen Krankheitswert hat." (1994, S. 10) Diesem kriminalistisch-forensischen Befund stehen eine Vielzahl überwiegend kulturkritisch-soziologischer Betrachtungsweisen gegenüber, die sich eher dem Phänomen als seiner Ursache widmen. Beispielhaft sind hier die Arbeiten von MURPHY, WILLIAMS & DUNNING (1990) und GIULIANOTTI, BONNEY & HEPWORTH (1994) zu nennen.

In Deutschland wird das Phänomen beispielsweise aus der pädagogischen Perspektive betrachtet, etwa von KÜBERT, NEUMANN, HÜTHER & SWOBODA (1994) oder HEITMEYER & PETER (1988) bzw. sportsoziologisch untersucht, wie z.B. durch FRIEDERICI (1998). Hinzu kommen Betrachtungen aus kommunikationswissenschaftlicher Sicht, beispielsweise durch SCHWIER (2002) und MIKOS (2002). Eine Kombination der Betrachtungsweisen erfolgt, wenn man zusätzlich zur Zuschauergewalt die Rolle von Gewaltdarstellung des Sports seitens seiner Akteure in den Medien hinzunimmt (etwa HAHN, PILZ, STOLLENWERK & WEIS (1988). Das würde im Falle dieser Ausführungen jedoch zu weit führen und wird dem interessierten Leser der Vollständigkeit halber genannt und zur ergänzenden Lektüre empfohlen.

Neben diesen überwiegend wissenschaftlich geprägten Betrachtungen existieren eine ganze Reihe von Arbeiten, die das Phänomen von der Täterseite aus betrachten. Hier seien exemplarisch die Werke von BUFORD (1992), ETCHEVERRY (1990) und KERR (1994) genannt. Zusätzlich zu erwähnen sind Erlebnisberichte von Hooligans und Fangruppen, die entweder in speziellen Zeitschriften („Fanzines") abgedruckt oder gesammelt in Buchform herausgegeben werden, z.B. die „100 'schönsten' Schikanen gegen Fußballfans. Repression und Willkür rund ums Stadion" (B.A.F.F., 2004).

Eine Brücke zwischen Fankultur und Wissenschaft bilden die abschließend zu nennenden Betrachtungen der so genannten „Fan-Projekte", etwa von GABRIEL (2005), LÖFFELHOLZ (2004) oder die zahlreichen Arbeiten von PILZ (z.B. 1990).

Das „Hooligan"-Phänomen ist jedoch nicht erst seit der Katastrophe im Brüsseler HEYSEL-STADION bekannt (WILLIAMS, DUNNING & MURPHY, 1988), die Erscheinung „Sport und Gewalt" wird schon früher, beispielsweise zum Ende des 19. Jahrhunderts erwähnt, wo man sich um die steigende Zahl unkontrollierter Fans Sorgen machte (DUNNING, MAGUIRE, MURPHY & WILLIAMS, 1982). Um 1908 fordert der Fußballclub SV WERDER BREMEN ganze zwei Mann Polizei an, mit folgender Begründung:

> „Der Grund unseres Gesuches ist unsere Schutzlosigkeit gegenüber dem pöbelhaften und auch schädigenden Benehmen ganzer Truppen halbwüchsiger und auch älterer Burschen." (WALLENHORST & KLINGEBIEL, 1988)

Seit dieser Zeit wurde ein konkreter Anstieg von Gewalt verzeichnet, dies gipfelte in der Etablierung der Fanprojekte, der Einsetzung von Fanbeauftragten und der Professionalisierung der präventiven Maßnahmen und der Gefahrenabwehr.

Zudem sind spätestens seit „Heysel" die Erfahrungen und Resultate der Unfallforschung auch in die baulichen sowie organisatorischen Maßnahmen zur Erhöhung der Sicherheit in Stadien eingeflossen. Der Deutsche Fußballbund (DFB) beschloss Ende 1988 die Bildung einer Sicherheitskommission, die sich mit der Erhöhung der Sicherheitsstandards bei Bundesspielen beschäftigte und Richtlinien zur Verbesserung der Sicherheit erarbeitete (HENNES, 1993). Diese Richtlinien liegen nunmehr in der Version aus dem Jahre 2004 vor und

„[...] umfassen alle Sicherheitsmaßnahmen baulicher, technischer, organisatorischer und betrieblicher Art, die bei Bundesspielen auf einer Platzanlage sowie in deren Nahbereich auf den entsprechenden Verkehrswegen und Parkflächen erforderlich sind." (DFB, 2004, S. 3)

### 1.3.5 Gewalt im Fußballstadion: Wieso treten diese Probleme bei anderen Sportarten nicht auf?

Erklärungen und Motivationsklassen für die Entstehung von Gewalt rund um den Sport existieren in mannigfaltiger Form. In Befragungen (z.b. beim Bremer Fankongress 1988) lautet die simple Antwort auf die Frage „Warum prügelt Ihr Euch?" oftmals „Weil es uns Spaß macht." (GEHRMANN, 1990, S. 11) „[...] Randale ist geil – Hooligans bekennen sich zur Gewalt als Freizeithobby." (GABLER, 1998, S. 132) Als Erklärung, warum gerade der Fußballsport eine gewaltaffine Zuschauerschaft hervorbringt, wird oft die Tatsache angeführt, dass das Spiel an sich die Gewaltbereitschaft steigen ließe, durch Fouls, gelbe und rote Karten, aggressive Spielweise und den Kampfgedanken des eigentlichen Matches (etwa bei PILZ). Das Handlungssystem Fußball folge Sonderregelungen, die im normalen Alltag keine Gültigkeit beanspruchen können:

Diese „Sonderweltlichkeit [...] des Kampfes auf dem Spielfeld reklamiert der Fan auf den Stadionrängen als emotional-aktiver Teilnehmer und nicht unbedeutender Bestandteil des Gesamtsystems Fußball auch für sich und legitimiert so, ohne daß Unrechtsbewußtsein aufkommt, seine eigenen Aggressionen, die er zumindest systemintern legalisiert glaubt." (HÜTHER, 1994, S. 11)

Wenn aber ein Zusammenhang bestünde zwischen der Gewalthaltigkeits des Spiels und der Aggressivität der Zuschauerschaft, dann müssten andere Sportarten wesentlich mehr Aggression evozieren: American Football, Boxen, Wrestling, Eishockey und sogar Handball beinhalten wesentlich brutalere Elemente und Spielzüge bzw. sind in der Natur des Sports bereits auf harten Körpereinsatz ausgelegt. Dennoch hört man verhältnismäßig selten von Ausschreitungen nach derartigen Matches. Somit muss man feststellen, dass der Charakter des Fußballspiels an sich der Gewaltbereitschaft Vorschub leistet. Folgt man MIKOS sozio-historischer Betrachtung des Fußballsports, so lässt sich dessen kultureller Aufstieg festmachen an der Entstehung der Arbeiter- und Angestellten-schichten in der Industrialisierung:

„Für sie verkörperte er [der Fußball] auf der einen Seite die zentralen Werte indus-trieller Arbeit bei gleichzeitiger Möglichkeit der psycho-physischen Regeneration, auf der anderen Seite ermöglichte er diesen Schichten Formen der kulturellen Reprä-sentation und trug so zur Stiftung regionaler und persönlicher Identität bei." (S. 40)

Damit einher ging die Entwicklung des Fußballs zum Zuschauersport und damit zum „Emanzipationsinstrument" (KÜBERT et al., 1994). In England (KERR) und auch in Deutschland entstanden Arbeitervereine, im Ruhrgebiet etwa Schalke 04 (HÜTHER).

Damit ist jedoch lediglich die grundsätzliche Aggressionskomponente ansatzweise er-klärt, eine Erläuterung, warum teilweise fußballunaffine neutrale Personengruppen eine Art *professionelle Gewalt* als Freizeitbeschäftigung im Umfeld von Fußballveran-staltungen kultivieren, bleibt weitestgehend aus. GABLER diagnostiziert, dass es „[...] nicht mehr um den Sieg der Mannschaft, um das Image des Vereins, sondern .. vielmehr um persönliche Selbstverwirklichung mittels Aggressionen und Gewalt" gehe. (S. 132)

Somit ist Fußball als identitätsstiftende Komponente für die durch Hooligans kultivier-ten Gewalt mehr oder minder rudimentär und somit ohne Bedeutung. Dies kann im Umkehrschluss bedeuten, dass die gewaltbereite Zuschauerschaft ihre Spielfläche im Umfeld von Fußballveranstaltungen gefunden hat, dies aber unter Umständen auf andere Versammlungen mit hoher Zuschauerzahl verlagern kann.

## 1.3.6 Die Zuschauerschaft von Events

Die Ausführungen über das Publikum von Fußballspielen und die Randbetrachtungen für die Zuschauer anderer Sportarten müssen natürlich um eine Analyse der Besucher von Events ergänzt werden. Die einhellige Meinung lautet, dass diese Kulturpulika (also Besucher von Konzerten, Theateraufführungen, Kinozuschauer etc., vgl. DOLLASE, 1998) per se erheblich friedlicher gestimmt seien, als dies bei Sportveranstaltungen und speziell Fußballspielen der Bundesliga und Länderspielen der Fall ist. Dabei wird gemeinhin davon ausgegangen, dass durch das Fehlen der Agressions- und Leistungskomponenten sportlich-wettbewerblicher Veranstaltungen keine Konfrontationssituation bedingt wird, sondern durch ein gemeinsames Kulturerlebnis eher ein homogenes Zugehörigkeitsgefühl unter den Besuchern entsteht.

Es mutet jedoch zu trivial an, sämtliche Publika sämtlicher denkbarer Veranstaltungsformen mit einheitlichen Attributen versehen zu wollen. Je nach Art der künstlerischen Darbietung bzw. des Genres (z.B: Rock'n-Roll-Konzert, Oper, Open-Air-Kino) werden sich unterschiedliche Publikumsstrukturen ausdifferenzieren, die wiederum aufgrund unterschiedlicher Motivationensklassen solche Kulturveranstaltungen besuchen. Die Gründe reichen von trivialen Motiven („Diese Gruppe muss man einfach gesehen haben"), über die Erfüllung hedonistischer Vorgaben („Begeisterung, Glücksgefühl") bis hin zur eingangs erwähnten Befriedigung eines Zusammenhalts bzw. Bestätigung einer Zugehörigkeit („Stimmung und Harmonie im Publikum, [...] friedliche Atmosphäre"; alle Beispiele bei DOLLASE).

Interessant sind jedoch folgende Betrachtungsperspektiven, die zumindest rudimentäre Berührungspunkte der beiden Ereignisklassen „Sport" und „Event" hinsichtlich deren Publika offenbaren:

a) Auch bei Events ist es in der Vergangenheit zu Problemen gekommen, bei denen Menschen verletzt wurden oder ihr Leben verloren haben. Dies passiert bei weitem nicht in der Häufigkeit wie es international bei Fußballballspielen vorkommt, aber Konzertbesuche sind demnach nicht zu 100 % risikolos. Als Gründe für Gefährdungen können bauliche Mängel, Fehler von Verantwortlichen oder Planungsmängel herangezogen werden. Hierzu leistet die vorliegende Publikation eine Hilfestellung zur Vermeidung organisatorischen Fehler.

b) DOLLASE hat in einer empirischen Befragungsreihe fünf Publikumsgruppierungen von Konzerten herausdifferenziert. Das Publikum von „Rockkonzerten" nimmt dabei eine Sonderstellung ein, denn im Gegensatz zu Besuchern beispielweise von „Klassik" oder „populärer Musik" (hier sind Schlager und Volksmusik gemeint), rezipiert das Rockpublikum durchaus Elemente „[...] der volkstümlichen Kultur (z.B. Fußball)". Diese empirisch bestätigte Überschneidung der Besuchergruppen ist im Idealfall ohne Bedeutung, kann jedoch umgekehrt nicht ausschließen, dass sich gegebenenfalls Personen, die Gewaltausübung bei Sportveranstaltungen als Freizeitgestaltung betreiben, unter regulären Konzertbesuchern befinden.

c) Im Live-Entertainment-Bereich findet sich ein durchaus buntes Portfolio an verschiedenen Kulturangeboten – ein Blick in das Veranstaltungsprogramm jeder größeren Kommune lässt die Dimensionen erahnen. Naturgemäß finden sich in diesem Angebot auch Auftritte von Musikgruppen, deren Darbietung sehr aggressive Komponenten enthält. Dies und auch die Unterstellung einer bestimmten politischen Richtung wird zwar von Management und Veranstaltern gebetsmühlenartig dementiert – mit dem Hinweis, trotz agilen Publikums, welches *Stagediving*, *Pogo* oder *Headbanging* etc. kultiviere, komme es nie zu ernsthaften Zwischenfällen. Ein Aggressionspotenzial ist dennoch nicht zu leugnen und konfrontiert die Verantwortlichen mit einer anderen Sicherheitslage als beispielsweise bei der Aufführung eines Kinofilms unter freiem Himmel.

d) Der Homogenitätsaspekt des Publikums ist z.B. bei Festivals eher in Frage gestellt als bei Auftritten einer einzelnen Band bzw. eines Solokünstlers. Hier sind Agressionspotenziale denkbar, die zwar in keiner Weise die Dimensionen der Agressivität von rivalisierenden Fußballfanclubs erreichen, aber die im Gegenzug durchaus zu Reibereien führen können. Z.B. zu Gerangel beim *Change-Over* (Umbaupause von einer Band zur anderen): Aufgrund immer kürzerer Umbauzeiten durch gestiegenen Kostendruck oder dramaturgische Anforderungen von Medien, kann ein Publikumsaustausch nicht immer glatt von statten gehen, denn nicht jeder Zuschauer will bei einem Festival jede Band sehen. Programmplanungsfehler oder fehlende Kapazitäten (man denke an den Andrang auf ein bereits überfülltes Zelt bei einem verregneten Festival) können diese Risiken zusätzlich verschärfen. Dies gilt analog für ähnliche Szenarien, etwa beim Kartenvorverkauf oder Publikumsandrang bei ausverkauften Shows.

e) Übermäßiger Alkohol- und Drogenkonsum kann Konfliktsituationen verschärfen. Zusätzlich wird dieser Konsum teilweise durch Images verschiedener Bands gestärkt. Allerdings formieren sich auch hier Gegenbewegungen, ähnlich wie im Sport.

Der Gruppe der Hooligans im Fußballsport wird zwar nur wenig bis gar kein Alkoholgenuss vor dem Spiel attestiert (um körperlich fit für den Kampf zu bleiben), dies gilt jedoch nicht für die Gruppe der gewaltbereiten Sportfans, die durch Alkoholkonsum Hemmungen verlieren. Dieser Aspekt spielt bei Events eine untergeordnete Rolle, hier sind es eher Verletzungen, die sich die Besucher unter Alkoholeinfluss zuziehen, oder Kreislaufschwächen, die in Kombination von Hitzeeinwirkung und Alkohol vermehrt auftreten.

### 1.3.7 Zusammenführung der Befunde

Auf Basis der bisherigen Ausführungen kann man folgende Hypothesen aufstellen:

1. Fußball hat sich gewandelt vom Rasensport zum „Zuschauersport". Das gestiegene Medieninteresse und die Ausweitung der Berichterstattung ist dafür in erster Linie verantwortlich.

2. Der Sport an sich verlangt durch das gesteigerte öffentliche Interesse nach interessanteren Bildern und führt zu einer medialen Aufrüstung. Parallel verlangt der Zuschauer ein actionreiches Spiel, was zu einer härteren Gangart und teilweise großzügigerer Regelauslegung geführt hat.

3. Die historischen Wurzeln des Fußballs liegen in der Arbeiter- und Angestelltenbewegung des Industriezeitalters. Fußball diente zur Identifikation und Emanzipation, die Illusion sozialen Aufstiegs durch Leistung wurde zum Credo erhoben. Dabei wurden gleichzeitig raue Umgangsformen auf dem Spielfeld akzeptiert. Der Kampf ist Kerngedanke des Spiels.

4. Zusammengefasst wird damit Gewalt „legitimiert" und das Stadion als Spielfläche des rechtsfreien Raums angesehen. Ordnungskräfte werden als Störung empfunden, jeder regulative Eingriff in diesen Mikrokosmos wird als Schikane aufgefasst.

5. Damit ist Konfrontation und Gewalt Tür und Tor geöffnet. Gewalthandlungen beschränken sich dabei nicht auf Einzelpersonen oder bestimmte Bevölkerungsschichten oder -gruppen, sondern sind als Globalphänomen sowohl national als auch international anzutreffen.

6. Der Kontrolle der Gewalt wird in Deutschland höchste Priorität eingeräumt. Dazu bedarf es der Beherrschung der Sportstätte und des Umfeldes im Sinne einer Präventionsstrategie in Zusammenarbeit mit den kommunalen und staatlichen Be-

hörden und Gremien. Große Veranstaltungen wie Bundesligaspiele oder Internationale Turniere stellen zusätzliche Belastungen für die Umgebung dar. Werden diese als öffentliche Störung empfunden, bilden sich schnell erhebliche Ablehnungspotenziale, die offen oder verdeckt bis in die politische Wirksamkeit hineinreichen.

7. Events kennen die Konfliktpotenziale aufgrund eines impliziten Kampfgedankens oder gewachsener Rivalitäten nicht. Hier ist von der Gratifikationsklasse eines gemeinsamen Erlebnisses auszugehen.

8. Der Befund des global-friedfertigen Publikums bei Events ist jedoch nicht gesichert. Aufgrund von Umwelt- und individuellen Störvariablen können Konfliktsituationen entstehen.

9. Es ist per se nicht auszuschließen, dass gewaltaffine Zuschauer den Weg zu alternativen Betätigungsfeldern finden, speziell wenn ihnen in angestammten Bereichen der Spaß an ihrer Freizeitgestaltung genommen wird.

Diese kurze Analyse der Umgebungsvariablen bezogen auf die Zuschauerschaft von Sport- und anderen Großveranstaltungen zeigt im Ansatz die Risiken und Problemfelder. Hierauf präventiv und mit den Mitteln der Gefahrenabwehr zu reagieren, muss von jedem Veranstaltungsplaner und allen Verantwortlichen höchste Priorität eingeräumt werden. Die praktischen Ansätze dazu enthalten die folgenden Abschnitte.

## 1.4 Wirksamkeit von Regeln und Vorschriften

Für die Sportvereine und insbesondere die Spitzenorganisationen wie DFB, DFL oder FIFA haben deren eigene Regelwerke als Grundregel für den Fußball Vorrang vor allen anderen Regelungen. Dies ist aus der Sicht der Vereine richtig, zumal die Regeln aus der eigenen Erfahrung des Spielbetriebes heraus sowohl die sportlichen Abläufe, die Baugestaltung als auch das Publikumsmanagement und die Organisation abdecken.

**Die Vereins-, Bundes- und internationalen Verbandsregeln sind nach BGB (Bürgerliches Gesetzbuch) als Regelungen des Vereins- und Privatrechtes einzustufen!**

Die Errichtung und der Betrieb einer Sportstätte bedarf jedoch der baurechtlichen Genehmigung nach der jeweiligen Landesbauordnung, und die damit verbundene Beschäftigung von Arbeitnehmern unterliegt den Regeln der Arbeitsschutzgesetze des Bundes, die Verwendung von Geräten und Anlagen denen des Produkt- und Gerätesicherheitsgesetzes. Hinzu kommen noch die berufsgenossenschaftlichen Vorschriften.

Dadurch entsteht folgende Konfliktsituation:

*Staatliches (Öffentliches) Recht* bricht *Privates Recht,* somit stehen Bundes- und Landesgesetze wie Bauordnungen und Arbeitsschutzgesetzte über den Regeln des Vertragsrechts und denen der Sportorganisationen.

Die Folge ist, dass Vereine in jedem Fall den Bau und die Unterhaltung der Stadien sowie den Sportbetrieb in erster Linie nach Staatlichem Recht betreiben müssen. Die Regeln des Sports dienen dabei gegenüber der Öffentlichkeit als *allgemein anerkannte Regel der Technik* und müssen in Einklang mit den Gesetzen stehen. Das heißt in einigen Bereichen, dass an Bau- und Organisationsformen seitens des Staates andere Ansprüche gestellt werden, und nur in Bereichen, in denen der Staat nicht regulierend eingreift, das Sportregelwerk der Verbände die ausschließliche Grundlage darstellt. Dieses gilt sowohl für die Gestaltung der Baumaßnahmen als auch für die Betriebsorganisation. Bei der Verwendung eines Stadions als Veranstaltungsstätte ändert sich an der Hierarchie der Vorschriften, also Staatliches Recht vor Privatem Recht, nichts, nur die Anforderungen sind andere als bei Sportveranstaltungen.

### 1.4.1 Betreiber- und Unternehmerverantwortung

Alle Regelungen der Fußballverbände stellen die erfolgreiche Durchführung von Fußballspielen und Turnieren in den Mittelpunkt der Überlegungen und Anforderungen. Dies korrespondiert positiv mit den öffentlichen bzw. staatlichen Interessen.

Der Bereich des Sportgeschehens ist unmittelbar das zentrale Moment. Dabei wird das Gebilde Stadion anhand der Anforderungen des Sports (des Spiels) entwickelt. Von dessen Anforderungen ausgehend wird das gesamte Gebilde Sportstätte gestaltet. Der Sport ist somit der dominierende Faktor. Das beginnt mit der unmittelbaren Regelung der Gestaltung des Spielfeldes (Rasenqualitäten, -pflege, Ausmaße, Ausstattung usw.), den Spielerbereichen (Kabinen, Betreuungsmöglichkeiten etc.) bis hin zur Beleuchtung des Spielfeldes. Der gesamte Maßnahmenkatalog wird deshalb aus dem Gedanken des ungestörten Spielbetriebes heraus entwickelt, wobei die wirtschaftlichen Notwendigkeiten insbesondere die Anforderungen der Medien und deren uneingeschränkte Berichterstattung einen wachsenden Stellenwert haben.

Zur Kultur des Fußballs gehört unmittelbar und legitim die besondere Behandlung des Spielfeldes. Es ist nun mal der zentrale Ort des Geschehens, der „heilige Rasen". Ein unabdingbares Kultobjekt mit besonderem Status. Als solches bedarf es bei der Eventnutzung des weitestgehenden Schutzes, den der Veranstalter garantieren muss. Rücksichtloser Umgang mit dem Spielfeld führt nicht nur zu materiellen Schäden, sondern stellt ein „Entweihung" mit tiefer emotionaler Verletzung der Sportseele dar. Aus diesem verständlichen Grund lehnen einige Stadionbetreiber die Nutzung der Rasenfläche z.B. durch Auflegen einer Rasenabdeckung ab; oftmals kommen aber noch pragmatische Begründungen hinzu, etwa wenn die Rasenfläche mit einer empfindlichen Drainage oder Rasenheizung ausgestattet ist. Neben der emotional-bedeutsamen und der pragmatisch-technischen Komponente lässt sich die Tatsache schlecht negieren, dass ein Rasenbelag für ein internationales Turnier Kosten im sechsstelligen Bereich verursacht.

Die Wechselwirkungen zwischen den Spielern und den Zuschauern sind ein unverzichtbares Element des Fußballs. Der Maßnahmenkatalog im Zuschauerbereich (Gestaltung von Tribünen, Wegeführung, bauliche Sicherheitsmaßnahmen, Umfeldbetrachtung) basiert auf Erfahrungen, die Störungen des Spieles durch Zuschauer vermeiden und Handlungen gewaltbereiter Besucher präventiv verhindern sollen.

Daraus resultiert ein umfangreicher Anforderungskatalog an die Zuschauerbereiche:

- Kommunikation: Stadionsprecher/Beschallung/Videodarstellung
- Medienpartnerschaft: TV, Hörfunk und Presse
- Einbindung von Gastronomie und VIP-Bereichen
- Installation von Sicherheitsmaßnahmen (Polizei- und Feuerwehrzentralen)
- Bereitstellung von Ordner- und Sanitätsdiensten
- Technische Sicherung mittels Nah- und Fernfeldüberwachung

### 1.4.2 Bauliche Gestaltung und Maßnahmenkontrolle

Abweichend davon fließen z.B. besondere Anforderungen der Öffentlichkeit/des Staates in die Gestaltung mit ein, wenn spezielle Repräsentationen für nötig erachtet werden oder Multifunktionalität als Begründung für Subventionen postuliert wird. Die Ergebnisse sind wie bei allen Vielfachfunktionen meist für keinen Bereich befriedigend. Die Gewährleistung der genannten Maßnahmen ist die oberste Pflicht der Verantwortlichen der Vereine und der internationalen Organisationskomitees. Dementsprechend ist auch die organisatorische Hierarchie im Sinne der Verbände aufgebaut. Die Verantwortung ist in Richtung der Vereins- und Verbandsorgane ausgerichtet. Die Organisation ist dementsprechend strukturiert. Dabei liegt an dieser Stelle auch eine Verantwortlichkeit für die Spielgestaltung und Spielweise durch die Weiterentwicklung der Regeln des Sportes durch die Vereins- und Verbandsgremien vor. Da das Spielgeschehen, also das Spielerverhalten, unmittelbar mit dem Zuschauerverhalten korrespondiert, stellt sich die Frage, inwieweit bei der Regelfortschreibung ein Mehr an zulässigem körperlichem Einsatz gegen den gegnerischen Spieler eine Steigerung aggressiven Verhaltens der Besucher nach sich zieht. (vgl. Abschnitt 1.3).

Genauso bedenklich wäre die Veränderung der Regeln in Richtung größerer Härte aufgrund des Verlangens der Zuschauer und der Medien nach spektakulären Bildern. Die Akteure (Spieler) würden vom dominierenden Faktor zum Objekt herabgesetzt, was dem Charakter des Sports widerspricht.

**1.4.3 Verantwortlichkeit nach Baurecht**
Ausgangspunkt im Baurecht ist immer die Sicherheit des Besuchers, die unter allen Umständen zu garantieren ist. Die Anforderungen an Bau und Betrieb eines Stadions oder einer Versammlungsstätte orientieren sich demnach nur am Schutzziel der *Besuchersicherheit*. Das Geschehen auf dem Spielfeld oder auf einer Szenenfläche bei einem Event wird in erster Linie unter dem Aspekt möglicher Gefahrenquellen (Sportausübung oder Show) mit Auswirkung auf das Publikum betrachtet. Dabei werden alle technischen und darstellerischen Bereiche mit einbezogen, und es werden die Gestaltung und der Betrieb durch die Gesetze und Vorschriften geregelt. Beispielsweise seien hier die Versammlungsstättenverordnung und die Unfallverhütungsvorschrift BGV C1 genannt (vgl. STARKE, BUSCHHOFF & SCHERER, 2004).

Bei großen Events, z.B. Konzertveranstaltungen mit mehr als 5.000 Stehplätzen vor der Szenenfläche, wird das Publikumsverhalten (Andrang zur Szenenfläche hin) bei den Schutzmaßnahmen mit einbezogen. Wobei immer davon ausgegangen werden muss, dass derartige Verdichtungen oder Bewegungen des Publikums von der Inszenierung ausgelöst werden, also von den Akteuren gefördert und oft sogar initiiert werden.

Es ist ein Postulat des Baurechts, dass Besucher sich völlig bedenkenlos, ohne Eigen-schutz, in einer solchen Einrichtung bewegen können und müssen. Somit genießt der Besucher einen unbedingten Vertrauensschutz gegenüber dem Betreiber. Das gilt so-wohl für die Sicherheit des Bauwerkes an sich, als auch für die Betriebsbedingungen während der Veranstaltung. Bei einer Bühnendarbietung sollte sich keiner der Besucher darüber Gedanken machen müssen, ob z.b. die Lautstärke der Musik dauerhaft gesund-heitsschädliche Pegel erreicht. Der Betreiber hat dafür zu sorgen, dass dies nicht geschieht! Niemand im Zuschauerkreis darf Angst vor schädlichen Auswirkungen von Effekten wie z.B. Pyrotechnik haben. Der Betreiber hat dafür zu sorgen, dass hier keine Gefahrensituation entsteht!

Desgleichen darf der Zuschauer bei Sportveranstaltungen auf die Organisation und Sachkompetenz des Vereines bzw. Ausrichters hinsichtlich des ungefährdeten Besuchs vertrauen. Der Betreiber hat dafür zu sorgen, dass den Besuchern keinerlei Schäden zugefügt werden!

### 1.4.4 Betreiberverantwortung

Da es sich um baurechtliche Vorschriften handelt, liegt die Verantwortung für die Sicherheit der sich im Stadion befindlichen Personen ausschließlich beim *Betreiber*.
Diese Aufgabe kann vom Betreiber auf einen Vertreter übertragen werden. Dieser muss nach der Versammlungsstättenverordnung bestimmte Vorraussetzungen erfüllen und wird durch § 39 MVStättV, „Verantwortliche für Veranstaltungstechnik" definiert (vgl. STARKE, BUSCHHOFF & SCHERER, 2004, S. 142 ff.). Der Betreiber oder dessen Vertreter ist, als *Technischer Leiter*, Garant für die öffentliche Sicherheit und Ordnung und somit in sicherheitstechnischen Belangen allein verantwortlich und weisungsberechtigt.
*Betreiber* ist, wer die Verfügungsgewalt über die Anlage hat. Dies ist im Regelfall der Inhaber der Baugenehmigung. Die Betreiberrechte und -pflichten lassen sich zwar über-tragen, das heißt jedoch in diesem Fall, dass die gesamte Verfügungsgewalt auf einen Dritten übertragen wird.

Dies gilt es besonders zu beachten, da das Baurecht, und hier speziell die Versammlungsstättenverordnung, zwischen dem Betreiber als Hauptverantwortlichen und dem Veranstalter unterscheidet. Klar und eindeutig regelt das Gesetz, dass die Betreiberverantwortung von aller Übertragung auf Dritte unberührt bleibt.

Erfahrungsgemäß gibt es in der Verantwortungs- und Delegationsfrage die meisten Probleme unterhalb der Bundesligaebene bzw. in kleineren Versammlungsstätten, nämlich in der Organisation der Bezirks-, Gemeinde- und Schulsportanlagen. Verantwortliche Betreiber im Sinne des Baurechtes sind hier meistens die Kreise, die Städte und Gemeinden. Sie verfügen selten über Fachkräfte mit der nötigen Ausbildung für die Führung einer solchen Anlage.

Häufig wird dort jedoch davon ausgegangen, dass die jeweiligen Nutzer, also Vereine und Verbände, als Veranstalter die volle Verantwortung für die Sportstätte automatisch übernehmen. Das ist per se nicht der Fall. Zum einen bedarf es der qualifizierten Übertragung der Betreiberpflichten, und zum anderen der persönlichen Qualifikation der Veranstalter, diese Verantwortung überhaupt übernehmen zu können.

### 1.4.5 Verantwortlichkeiten nach Arbeitsschutzrecht

Im Arbeitsschutzrecht ist die Ausgangsbasis die *Unternehmerverantwortung*. Der Unternehmerbegriff kann aus dem § 14 des Bürgerlichen Gesetzbuches (BGB) hergeleitet werden:

„Unternehmer ist eine natürliche oder juristische Person oder eine rechtsfähige Personengesellschaft, die bei Abschluß eines Rechtsgeschäftes in Ausübung ihrer gewerblichen oder selbständigen beruflichen Tätigkeit handelt."

Eine rechtsfähige Personengesellschaft ist eine Personengesellschaft, die mit der Fähigkeit ausgestattet ist, Rechte zu erwerben und Verbindlichkeiten einzugehen. **Dementsprechend haben nicht nur Personen, die ein Unternehmen betreiben, sondern auch Vereinsvorstände Unternehmerstatus. Womit sie auch die Unternehmerpflichten wahrzunehmen haben.**

Dieses findet sich auch in den Definitionen des staatlichen und berufsgenossenschaftlichen Arbeitsschutzes wieder. Als *Unternehmen* wird allgemein ein von Personen durchzuführendes Vorhaben bezeichnet. Dabei ist es unwichtig, ob es sich um ein Vorhaben im wirtschaftlichen Bereich, also um eine *Unternehmung*, oder im gemeinnützigen Bereich, also beispielsweise im Amateursport handelt.

Der Begriff *Betreiber* ist je nach anzuwendendem Regelwerk unterschiedlich definiert. Im hier gegebenen Zusammenhang der Regelungen für Versammlungsstätten können nur die Begriffe des Baurechtes angewandt werden.

**Demnach ist der Betreiber, wie festgestellt, der Inhaber der Baugenehmigung für die Versammlungsstätte. Dieser hat auch die Verfügungsgewalt inne.**

Dies bedeutet im hier gegebenen Kontext, dass der Unternehmer immer für die Sicherheit jedes einzelnen Beschäftigten als Garant einsteht. Das gilt auch für die Arbeitssicherheit der ehrenamtlich in den Vereinen Tätigen. Diese sind automatisch bei der Verwaltungsberufsgenossenschaft versichert. Damit unterliegen sie dem gesamten Arbeitsschutzregelwerk. Auch hier gibt es die Generalverantwortung des Unternehmers, die in der Sache qualifiziert delegiert werden kann, und auch hier bleibt die Organisationsverantwortung beim Unternehmer – und zwar in der Form der betrieblichen Aufsicht.

Grundsätzlich ist der baurechtliche Betreiber zunächst der Unternehmer im Sinne der Arbeitsschutzgesetzgebung. Dies bleibt bezogen auf die Betriebssicherheit der Anlage weitestgehend erhalten, die Verantwortung für die Auswirkungen des Sportes obliegt dem Veranstalter.

Ehe darauf weiter eingegangen wird, ist der methodische Ansatz des Arbeitsschutzes zu untersuchen:

- Im Gegensatz zur vom Spiel ausgehenden Betrachtung des Sports, als Mittelpunkt zu dem sich alles andere unterzuordnen hat, betrifft der Arbeitsschutz jeden einzelnen Arbeitsplatz.

- Die durch die Tätigkeit und die Arbeitsumgebung hervorgerufenen Einwirkungen auf den Arbeitsplatz sind daher zu untersuchen (*Gefährdungsanalyse*). Anhand der Ergebnisse sind ggf. Prozesse zu entschärfen, ist das Personal auszuwählen und im Bedarfsfall *persönliche Schutzausrüstung* (PSA) zur Verfügung zu stellen.

- Dabei sind Wechselwirkungen zwischen den Arbeitsbereichen zu berücksichtigen.

## 1.5 Schlussfolgerung und praktische Relevanz

Bei der Neufassung der Musterversammlungsstättenverordnung (2002) wurden die bautechnischen Forderungen des Fußballsports weit gehend im Gesetz mit eingearbeitet. Diskrepanzen bestehen im Wesentlichen in den Anforderungen bei der Nutzung von Stadien als Eventstätten, darauf wird nachfolgend im Kapitel 2 - *Das Bauwerk Stadion* eingegangen.
Bei den Verantwortlichkeiten, insbesondere in den Fragen der Hierarchie, also den Fragen nach der Weisungskompetenz, entstehen Diskrepanzen zwischen den Regeln des Sports und den staatlichen Anforderungen.

Aus der in diesem Kapitel dargestellten Publikumsbetrachtung hinsichtlich der beiden Veranstaltungsarten Sport/Fußball und Event ergibt sich eine notwendige bauliche Gestaltung der Veranstaltungsstätte, die alle Anforderungen im Bedarfsfall erfüllen muss. Genauso wichtig für die Gestaltung der Bauweise sind die durch die Nutzungsart bedingten Anforderungen, um den Zielen des Sports und der Veranstaltungsbranche gerecht werden zu können.

Dies ist zwar allen Beteiligten bekannt und wird als Absichtserklärung laut gedacht, im Regelfall weicht jedoch die Umsetzung in der Praxis hiervon ab.

Die Nutzungsmöglichkeiten der Stadien für Events, leider auch eines Großteiles der neu errichteten oder umgebauten, entspricht nur sehr bedingt den technischen und organisatorischen Anforderungen der Veranstaltungsbranche, obwohl dieser Geschäftsbereich als essentiell wichtig erkannt worden ist.

Dabei geht es nicht um Kleinigkeiten bei den technischen Voraussetzungen. Insbesondere werden immer wieder die Lastentransporte in die Innenräume, die Leitungswege für die Energieversorgung und, die Option, temporär Lasten in Dachkonstruktionen zu hängen („fliegen") nicht berücksichtigt. Letzeres ist besonders ungünstig für den Veranstaltungsbetrieb. Die Realisierung wird häufig mit unverhältnismäßig viel zusätzlichem Aufwand an Arbeitszeit und Material oder mit Abstrichen an der Inszenierung erkauft.

Einerseits ist die Qualitätsfrage existentiell für die Publikumsakzeptanz, andererseits eine Frage des finanziellen Endergebnisses. Somit berühren beide Dimensionen die Wirtschaftlichkeit einer Veranstaltung.

# 2    Das Bauwerk Stadion

Im vorausgegangenen Kapitel wurden die Rahmenbedingungen für Sport- und andere Veranstaltungen definiert, ausgearbeitet und anschließend in Beziehung gesetzt zum Bauwerk Sportstätte unter besonderer Berücksichtigung der Stadien. Dies wird im folgenden Abschnitt im Bezug auf die baulichen Einrichtungen genauer beschrieben. Zunächst werden verschiedene Nutzungsarten anhand der baurechtlichen Kriterien beurteilt. Besondere Berücksichtigung finden dabei die Anforderungen an Rettungswege und Besucherführung, bedingt durch das spezifische Besucherverhalten bzw. die jeweilige Nutzungsart. Gesondert betrachtet wird hierbei die Nutzung des Stadioninnenraums. Neben konkreten Hinweisen zur Gestaltung etwa von Wellenbrechern im Bauwerk selbst wird auch das nähere Umfeld in die Betrachtungen mit einbezogen. Speziell für die Nutzungsart *Event* werden Unterschiede zum regulären Spielbetrieb herausgearbeitet. Eine Betrachtung bezüglich der Eingangssituation und des Immissionsschutzes rundet das Kapitel zum Bauwerk Stadion ab.

## 2.1 Nutzungsart und Beurteilungskriterien

Stadien dienen der Anwesenheit von vielen Besuchern als Zuschauer bei Sportveranstaltungen. Auf dieser Basis erfolgt die Beurteilung nach baurechtlichen Kriterien, die sich in ihren Vorgaben zum einen an der Anzahl der Besucher, und zwar der maximal möglichen Besucherzahl und zum anderen an der Art der Nutzung der jeweiligen Stätte orientieren. Die Beurteilungskriterien für Stadien ergeben sich anhand § 1 der Musterversammlungsstättenverordnung (2002). Die MVStättV gilt bei Veranstaltungen „im Freien" und der Anwesenheit von mehr als 1.000 Besuchern, einer vorhandenen Szenenfläche und weiterer baulicher Anlagen. Bei Sportstadien greift sie erst ab einer Besucherzahl von 5.000 Personen.

Ist aber für die Sportstätte das Kriterium *mehr als 5.000 Besucher* erfüllt, handelt es sich um eine Versammlungsstätte. Wird in derselben Sportstätte ein Event mit mehr als 1.000 Besuchern veranstaltet, handelt es sich ebenfalls schon um eine Versammlungsstätte, wobei das Kriterium *Szenenfläche größer 20 m²* hinzukommen muss. (STARKE,

BUSCHHOFF & SCHERER, 2004, S. 4 ff.). Auf kleinere Anlagen wird die Versammlungsstättenverordnung als *Regel der Technik* angewandt. Das heißt, dass sie zwar nicht unbedingt bindend ist, aber das Maß aller Dinge darstellt.

Diese Situation ist häufig anzutreffen – wie bei fast allen anderen Bereichen in denen Anlagen oder Gebäude geplant und errichtet werden. Die allgemein anerkannten Regeln, seien es Normen oder andere Werke, beschreiben immer nur die allgemein akzeptierten Mindestanforderungen. Die Notwendigkeiten müssen immer im Einzelfall, ausgehend vom Stand der Technik entsprechend den wirklichen Erfordernissen entwickelt werden.

### 2.1.1 Definition Gefahren- und Störfälle

Die Begriffe *Störfall* und *Gefahrenfall* beschreiben unterschiedliche Situationen mit unterschiedlichen Auswirkungen. Sie werden unterschiedlich gewichtet und haben verschiedene Auswirkungen.

Der *Störfall* tritt ein, wenn Abweichungen vom geplanten Ablauf oder Betrieb der Sportveranstaltung bzw. des Events auftreten. Diese verlangen das Eingreifen der Veranstaltungsleitung mit ihren Kräften, um die Weiterführung der jeweiligen Veranstaltung sicherzustellen. Bei einem Störfall besteht noch keine unmittelbare Gefahr für die Besucher. Als Beispiel kann der temporäre Ausfall eines Beleuchtungskreises dienen. Betrifft der Energieausfall jedoch größere Bereiche über einen längeren Zeitraum, so kann der Störfall schnell zum *Gefahrenfall* werden, wenn z.B. eine Panik unter den Besuchern ausbricht.

Im *Gefahrenfall* besteht eine unmittelbare Gefahr für Leib und Leben der Besucher. Diese Lage setzt alle internen Regelungen der Veranstalter außer Kraft. In diesem Fall gilt es nur und unmittelbar, die Gefahr von den Menschen abzuwenden. Dabei spielen z.B. im Evakuierungsfall interne Zugangsregelungen (z.B. zu VIP-Bereichen) keine Rolle mehr. Gefahrenfälle sind beispielsweise das Ausbrechen eines Feuers oder der Einsturz von Bauteilen.

## 2.2 Besucherverhalten und Rettungswege

Das Schutzziel des Baurechts ist die Sicherheit der Besucher. Die wesentlichste Grundlage dieses Schutzziels ist die Gestaltung der Rettungswege innerhalb der Versammlungsstätte. Auch wenn das Besucherverhalten bei einer großen Fußballveranstaltung anders ist als bei einem großen Event, wurden hier seitens des Gesetzgebers im Bereich des Fußballs die Erfahrungen der nationalen und internationalen Verbände als baurechtliche Vorschriften nahezu deckungsgleich übernommen.

In Kapitel 1, Abschnitt 3 wurde bereits herausgearbeitet, dass bei Fußball(groß)veranstaltungen mit einem Anteil gewaltbereiter und gewaltgeneigter Besucher gerechnet werden muss. Die gängige A-B-C-Typologie unterteilt die Zuschauerschaft dabei in

- Kategorie-A-Besucher: ruhig und gewaltfrei;
- Kategorie-B-Besucher: „echte" Fans, die in Fangruppen ein äußerst starkes Gruppengefühl entwickeln. Dies führt klassisch zur Abgrenzung und Selbstbestätigung in der eigenen Gruppe. Gelegentlich sind Aggression insbesondere gegen gleich strukturierte Gruppen anderer Vereinszugehörigkeit erkennbar;
- Kategorie-C-Besucher: Gewalttäter, die von ihrer Einstellung her nichts mit dem Fußball zu tun haben, sondern nur das Zusammenkommen vieler Menschen ausnutzen um Gewalt gegen andere auszuüben und im anonymen Umfeld einer großen Sportveranstaltung weitestgehend unerkannt zu bleiben.

Daraus entwickelten sich die Maßgaben sowohl der Verbände als auch des Gesetzgebers, besondere Schutzmaßnahmen zu verlangen. Zum einen bezogen auf das Spielfeld, zum anderen bezogen auf die Zuschauerbereiche untereinander.

### 2.2.1 Anforderungen an die Rettungswege
Die Zugänge zu den Tribünen der Stadien sind gleichzeitig auch die nach Baurecht notwendigen Rettungswege. Zu ihnen gehören die äußeren Zugänge, die Wege zu den einzelnen Blöcken sowie die Gestaltung der Zuschauerplätze und -räume.

Ihre Ausmaße richten sich in der Breite nach der Anzahl der darauf angewiesenen Personen. Dabei ist die Mindestbreite von 1,20 m an jeder Stelle der Gänge einzuhalten. Man geht davon aus, dass 600 Personen durch einen solchen Ausgang von 1,20 m Breite die Versammlungsstätte im Freien in angemessener Zeit verlassen können. Pro weiteren 300 Personen sind solche Ausgänge und Wege um jeweils 0,60 m zu verbreitern. Die Rettungswege als solches werden im Allgemeinen durch zwei Bedingungen definiert:

1. Türen im Verlauf von Rettungswegen müssen in Fluchtrichtung aufschlagen, und während des Betriebes jederzeit ohne Hilfsmittel geöffnet werden können.
2. Rettungswege müssen unmittelbar in geschützte Bereiche oder zu öffentlichen Verkehrsflächen führen.

Als weiteres Kriterium ist die Wegelänge vom Zuschauerplatz über den Rettungsweg bis in den nächsten geschützten Bereich von nicht mehr als 60 m zu beachten.

Diese Vorgaben sind Bestandteil des Baugenehmigungsverfahrens und werden in Form des Bestuhlungs- und Rettungswegeplanes verbindlich genehmigt. Seitens des Betreibers (bei Stadien im Regelfall des Vereines) besteht keine Möglichkeit, Sitz- und Stehplätze, Wege und Ausgänge anders als genehmigt einzurichten, zu öffnen oder zu verschließen. Eigenmächtige Änderungen, die nicht genehmigt sind, bedeuten, dass das Stadion nicht bespielt werden darf.

Werden Zuschauerplätze anderweitig genutzt, z.B. durch Einbau von Kamerapodesten, Presseplätzen oder Beleuchtungsständen ist das unbedenklich, solange dadurch weniger Plätze als genehmigt übrig bleiben und Rettungswege und Sicherheitseinrichtungen nicht eingeschränkt, d.h. verschlossen bzw. behindert werden.

### 2.2.2 Anforderungen an die Wege zu den Tribünenplätzen

Die Zuschauer werden über die dafür vorgesehenen ausgewiesenen Wege zu ihren Plätzen in den Blöcken geführt. Dieselben Wege stellen auch die Rettungswege für den Evakuierungsfall dar. Dies ist in einem Brand- oder ähnlichen Störfall als natürliche Fluchtrichtung anzusehen und funktioniert erfahrungsgemäß, da Menschen Örtlichkeiten, sofern sie nicht anders geleitet werden, auf dem Weg verlassen, auf dem sie hineingekommen sind.

Das Spielfeld (siehe auch Abschnitt 2.2.3) als innenliegender Raum ist niemals ein Teil des regulären Rettungswegsystems. Werden bei einer Evakuierung viele Besucher in den Innenraum geführt, so entsteht ein geschlossener Raum, in dem sich unkontrollierbare Gefahrensituationen entwickeln können.

Die sonstigen Zugänge zum Innenraum haben in den meisten Bauten weder die Größe noch Lage, um als Rettungswege genutzt werden zu können.

Ausnahmen bilden nur Anlagen wie die Arena auf Schalke („Veltins-Arena"), die von vorn herein als Sport- und Eventstätte konzipiert worden sind.

### 2.2.3 Das Spielfeld als Teil des Rettungswegesystems?

Beim Sportbetrieb stellt die Spielfläche den Bereich dar, der die geringste Personenzahl während der Veranstaltung aufnehmen muss: Mannschaften, Schiedsrichter, Trainerstab, Medienvertreter, Sanitäts- und Ordnungskräfte.

Hierbei wird durch die baulichen Maßnahmen der Zugang zum Spielfeld extrem geschützt. Insbesondere bei Anlagen über 10.000 Besucher muss die Abschrankung gegenüber dem Spielfeld eine Mindesthöhe von 2,20 m haben. Diese Anforderung aus der Versammlungsstättenverordnung entspricht den Regeln der Sportverbände. Für die im Spielfeldbereich Tätigen werden ausreichend dimensionierte Zu- und Abgänge geschaffen (Spielerzugang usw.), die nach den Regeln von DFB und FIFA zu gestalten sind; für Kontakte zu Medienvertretern ist die sog. *Mixed Zone* vorgesehen.

Zur Einschätzung des Spielfelds als Teil des Rettungswegesystems wird folgende Betrachtung angestellt. Zwei Bedingungen definieren im allgemeinen einen Rettungsweg, vgl. Abschnitt 2.2.1:

1. Öffnung der Türen in Fluchtrichtung, jederzeit und ohne Hilfsmittel.

2. Rettungswege leiten in sichere Bereiche bzw. auf öffentliche Flächen.

Da die Bauvorschrift besagt, dass in der Barrikade gegenüber dem Spielfeld mindestens 1,80 m breite Tore mit Öffnungsrichtung zum Spielfeld hin einzubauen sind, die nur zentral und nicht vom Zuschauer zu öffnen sind, zählen diese Türen nicht zum regulären Rettungswegesystem. Diese Innenraumtore dienen der Evakuierung von Zuschauerblöcken im Sonderfall, nämlich für den Fall der Gewaltausübung von Zuschauern gegen Zuschauer. In diesem Fall sind nach den Erfahrungen aus solchen Lagen die natürlichen Rettungswege durch die Störer blockiert. Durch das kontrollierte Abströmen von Besuchern in den Innenraum entsteht in einem solchen Fall eine Entlastungssituation im betroffenen Zuschauerblock. Dies ermöglicht ein besseres Heranführen und Eingreifen der Einsatzkräfte. Im weiteren lässt sich der Innenraum in einer solchen Lage besser durch die Sicherheitskräfte vor Übergriffen schützen. Da es sich um eine Extremsituation handelt, die zum Krisenmanagement zählt, werden diese Tore vielfach von zentralen Sicherheitsleitständen gesteuert bzw. sind nur durch Ordnungspersonal von der Spielfeldseite zu öffnen.

Da es sich bei der Rettungswegegestaltung um eine Vorgabe aus der Versammlungsstättenverordnung, also um eine Rechtsnorm, handelt, kann von ihr nicht ohne weiteres abgewichen werden.

Ergibt sich aus der Konstruktionssituation des Stadions eine Situation, die eine andere Lösung erzwingt, so bedarf das im Einzelfall der Entscheidung durch die Baubehörde im Genehmigungsverfahren. Dazu gehört immer, dass mindestens die gleiche Sicherheit der Anlage bei Abweichungen vom Standard durch den Antragsteller im Antragsverfahren nachgewiesen wird.

Auf keinen Fall darf der Betreiber diese veränderte Bauweise ohne die Genehmigung durch die Baubehörde veranlassen!

## 2.3 Events: eine andere Ausgangssituation

Grundsätzlich sind bei Events erheblich weniger Vorkommnisse in Richtung Gewaltausübung zwischen Zuschauern zu erwarten, dafür stehen eine Reihe anderer Gefährdungspotenziale als Gefahrenquelle im Raum. Die Rettungswegführung und die Organisation des Ordnerdienstes kann und muss in diesem Fall anders aufgebaut werden. Schwerpunkte des Publikumsdrucks ist die Bühnenvorderkante, der so genannte „Graben". Dieser Andrang ist von vielen Beteiligten gewollt, bzw. er wird zumindest als Teil des Erlebnisses akzeptiert. Die Zuschauer suchen diese Enge, um in Musik und rhythmischem Tanz ihre Gefühle auszuleben. Die Akteure auf der Bühne lieben und fördern diesen Anblick und die ihnen daraus zuströmende Emotionalität.

Es besteht zwischen den Zuschauern sogar eine spezielle Solidarität. Wird zum Beispiel jemand in der Verdichtungszone vor der Szenenfläche ohnmächtig, so ist es üblich, dass die Umstehenden die kollabierte Person über sich hinweg bis zum Graben auf Händen tragen, damit der Sicherheitsdienst sie dann übernehmen und zu den Sanitätern bringen kann. Zur Gestaltung von Sicherheitszäunen etc. siehe STARKE, BUSCHHOFF & SCHERER, 2004, S. 58 ff.

Materialzerstörungen im Verlauf eines Events beruhen selten auf bewusster Zerstörung, sondern eher auf der vom Veranstalter falsch gewählten Ausstattung.

Beispielsweise gingen in der WALDBÜHNE Berlin in der Frühzeit der großen Rock'n Roll Events sehr viele Stühle zu Bruch. Die Ursache war eindeutig: bei Rock'n Roll bleibt niemand brav sitzen. Man springt auf und tanzt – zur Not auch auf den Stühlen. Das Ergebnis überrascht zumindest aus heutiger Sicht keineswegs.

Inzwischen sollte diese Erkenntnis als trivialer Befund etabliert sein. Allerdings unterschätzen manche Betreiber das Temperament der Zuschauer in vielen – vorrangig friedlich erscheinenden – Genres der Veranstaltungsbranche.

Daher sind für alle Veranstaltungen die notwendigen Gestaltungs- und Sicherheitsmaßnahmen anhand der Analyse der *Gefährdungssituation* zu formulieren.

**2.3.1 Anforderungen an die Gestaltung des Spielfeldes als Innenraum bei Events**

Bei der Nutzung des Spielfeldes als Zuschauerbereich (mehr als 5.000 Stehplätze vor der Szenenfläche) werden durch Verordnungen und Regelungen folgende Einrichtungen gefordert:

- Schutzabdeckungen für den Rasen
- Sperrlinie frontal zur Szenenfläche (Graben)
- Positionen für Sanitäts- und Hilfsdienste
- Feuerlöscheinrichtungen/ Feuerwehrstandorte
- Abschrankungslinien
- Flucht- und Rettungswegsystem
- Toiletten

Neben den Zuschauern befinden sich folgende Einrichtungen im Innenraum:

- Szenenfläche mit technischen und organisatorischen Nebenbereichen
- Regiestände (*FOH: Front of House*), Beleuchtungs- und Beschallungseinrichtungen
- Gastronomie, Merchandising und sanitäre Einrichtungen

Die Positionen der einzelnen Einbauten bedürfen im Rahmen der baurechtlichen Genehmigung dieser Nutzungsform der genauen Darstellung im Sinne des Baurechtes. Dazu gehören für das Bühnenhaus („Szenenfläche"), die Regiestände, Beleuchter- und Beschallungstürme Standsicherheitsnachweise und gegebenenfalls die Ausführungsgenehmigung als fliegende Bauten.

**2.3.2 Abschrankungen und Wellenbrecher bei Veranstaltungen mit mehr als 5.000 Stehplätzen vor der Szenenfläche**

Das System der Abschrankungen vor der Szenenfläche und im Publikumsbereich wird in der Versammlungsstättenverordnung eindeutig geregelt. Es gibt hier eine Standardvorgabe, die regelt, dass der Abstand zwischen Graben und Bühne mindestens 2 m betragen muss und zwei weitere Sperrlinien im Abstand von jeweils 10 m parallel zur Bühnenvorderkante vorhanden sein müssen.

Diese häufig anzutreffende Gestaltung führt zu erheblichem Abstand zwischen Bühnenvorderkante und großen Teilen des Publikums. Komplexere Bühnenformen (z.B. mit frontalem Laufsteg, vgl. Abb. 2.1) bedürfen daher besonderen Genehmigungen im Einzelfall durch die Baubehörde. Hier gilt ebenfalls, was bereits für die Rettungswege-situation festgestellt wurde: In diesem Fall muss der gleiche Sicherheitsstandard mit anderen Mitteln nachgewiesen und diese Bauform von der zuständigen Baubehörde im Einzelfall geprüft und genehmigt werden. Als Instrument zur Festlegung der Maßnahmen in diesen Fällen bietet sich die *Gefährdungsanalyse* an.

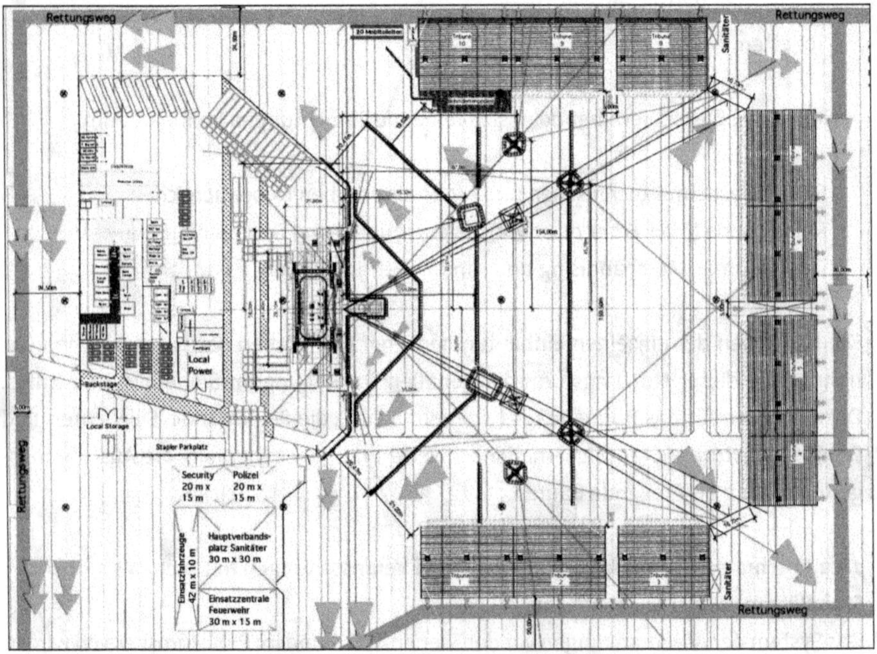

*Abb. 2.1 Zuschauerbereich, Rettungswege und Nebenflächen Open Air 2003, Robbie Williams*

### 2.3.3 Veranstaltungen mit weniger als 5.000 Stehplätzen vor der Szenenfläche

Die Verpflichtung, derartige Sicherheitsmaßnahmen vorzusehen, besteht formell nur oberhalb der Grenze von 5.000 Stehplätzen vor der Szenenfläche. Dies entbindet den Betreiber und den Veranstalter jedoch nicht davon derartige Maßnahmen vorzusehen, wenn es die Art der Veranstaltung nötig und sinnvoll erscheinen lässt. Das heißt hier wiederum, dass die Betreiberverantwortung durch kritische Beurteilung der Lage im Vorfeld der Veranstaltung wahrgenommen werden muss. Anhand einer Gefährdungsanalyse sind ergo die notwendigen Maßnahmen festzulegen und umzusetzen.

Grundlage hierfür sind insbesondere die Erfahrungen der Fachplaner, der Veranstalter, der technischen Fachkräfte und der Polizei.

### 2.3.4 Die Entfluchtungssituation bei Sondernutzung des Innenraums für Veranstaltungen

In diesem besonderen Nutzungsfall wird der Innenraum des Stadions als Besucherfläche bzw. als Standfläche für szenische Aufbauten genutzt und wie bereits in Abschnitt 2.3.1 dargestellt folgendermaßen belegt:

- Szenenfläche (Bühnenhaus, Nebeneinrichtungen usw.),
- Catering, Merchandising und sanitäre Einrichtungen,
- Regie-, Beleuchtungs- und Beschallungseinrichtungen und
- Publikum

Aufgrund der Bemessungsgrundlagen der Musterversammlungsstättenverordnung ergibt sich, dass bei einer Innenraumfläche von bis zu 8.500 m² bis zu 15.000 Personen über Rettungswege aus dem Innenraum heraus evakuiert werden müssen. (Berechung von zulässigen Besucherzahlen vgl. STARKE, BUSCHHOFF & SCHERER, 2004, S. 2)
Die in den Spielfeldabgrenzungen vorgesehenen Paniktore stehen, wie in Abschnitt 2.2.3 dargestellt, durch ihre Bauart und Anordnung nicht ohne weiteres als Rettungswege für die Evakuierung des Innenraumes bei Events zu Verfügung.

Sie sind nur unter bestimmten Bedingungen im Einzelfall nach Abstimmung mit der Bauordnungsbehörde und der Feuerwehr verwendbar. Es bedarf bei der Genehmigung einer solchen Nutzung des Nachweises seitens des Antragstellers, dass die Sicherheit auf gleichem Niveau mit anderen Mitteln erreicht wird. Hierzu sind zusätzliche Vorkehrungen im Innenraum zu treffen, die das Sicherheitsniveau auf ein vertretbares Maß anheben. Dazu gehören u.a.:

- Offenes Feuer in jeglicher Form vermeiden (z.B. Holzkohlenroste und Grills)
- Hohe Anforderungen an die Brandschutzklassen bei Verkaufsständen
- Verstärkte Brandsicherheitswachen und Vorhalten von Löscheinrichtungen
- Überdimensionierte Rettungswegbeleuchtungen und -kennzeichnungen
- Sehr hohe Präsenz der Ordnerkräfte
- Wirksame Organisation insbesondere im Bereich Publikumsmanagement im Innen-
  raum (Publikumsleitung)

Die Rettungsweglängen von max. 60 m können nur dann eingehalten werden, wenn die Entfluchtung über die Tore in die Tribüne erfolgen kann, und diese Bereiche als *sicherere Bereiche* nachgewiesen werden. Wegeverlängerungen stellen wiederum den Sonderfall mit entsprechenden Betrachtungen dar. Auch dieses bedarf der Einzelfall-entscheidung der Bauordnungsbehörde.

Dabei sind konzeptionell zwei Überlegungen zu treffen:

1. Diverse Tribünenbereiche werden während der Vorstellung nicht besetzt, da sie im toten Winkel ohne Sicht auf die Bühnenanlage liegen. Diese Bereiche sind als Rettungswege aus dem Innenraum primär zu planen.
2. Die Rettungswege der sonstigen Tribünen werden zur Evakuierung des Innenraumes mit eingeplant. Dies ist vertretbar, wenn man die Evakuierung so plant, dass die Haupttri-bünen auf ihren Rettungswegen entleert werden, so dass Publikum aus dem Innenraum nachströmen kann. Dementsprechend ist das Publikumsmanagement zu strukturieren.

Die Spielfeldnutzung im Zuge von Events ist nur zulässig, wenn die oben dargestellten Probleme als Einzelfallbetrachtung in einem bauordnungsrechtlichen Verfahren genehmigt worden sind. Dies bedarf der Einzelfallentscheidung je nach Landesbauordnung auf dem Wege der im Gesetz vorgesehenen Erleichterung oder Befreiung.

## 2.4 Anforderungen an die Zugänge und Rettungswege für besondere Zuschauergruppen

### 2.4.1 VIPs - very important persons

Grundsätzlich stellt die Anwesenheit von *echten VIPs* eine zusätzliche Sicherheitsanforderung dar. Echte VIPs sind Personen, für die eine *Sicherheitseinstufung* durch die Polizei (bzw. Landeskriminalämter und Bundeskriminalamt) existiert.

Sicherheitseinstufungen werden anhand eines bestimmten Beurteilungskataloges von den zuständigen Polizeibehörden vorgenommen. Hierbei spielen unter anderem die Position der zu beurteilenden Person so wie die Gefährdungslage eine Rolle. Es fließen nicht nur die sich allgemein ergebenden Daten über die einzustufende Person in die Beurteilung ein, sondern es werden spezielle polizeiliche Erkenntnisse mit herangezogen. Insbesondere in der Situation des Fußballs ist die Vorgabe aus den nationalen und internationalen Verbandsrichtlinien, getrennte, geschützte Zugänge für diese Personengruppe zu schaffen, richtig und sicherheitsrelevant.

Problematisch wird diese strenge Trennung nur im Falle einer Evakuierung, sofern derartige VIP-Wege Rettungswegcharakter haben und durch verbandsinterne Regelungen die Nutzung als Rettungsweg nur auf die Nutzung durch diesen Personenkreis beschränkt werden soll. In der Notfallsituation stehen nach dem deutschen Bau- und Gefahrenabwehrrecht Rettungswege uneingeschränkt allen auf sie angewiesenen Personen zur Verfügung. Das heißt: Alle Personen, die sich im *Gefahrenfall* im Bereich des Rettungsweges befinden, sind darauf angewiesen und haben daher das Recht, sich über den Rettungsweg in Sicherheit zu bringen.

Dies bedarf insbesondere einer Regelung für den Ordnungsdienst, der im Gefahrenfalle einer Selbstrettung der Besucher nicht im Wege stehen darf (zur Definition und Abgrenzung Störfall-Gefahrenfall siehe Abschnitt 2.1.1).

### 2.4.2 Fangruppen und Fankurven

Die besondere sicherheitstechnische Ausgestaltung der Fankurven mit speziell dafür installierten Barrikaden, insbesondere zu den Nachbarblöcken, sowie die getrennten Zugänge und Rettungswege zu und von Fankurven sind obligatorisch und haben sich im nationalen und internationalen Spielbetrieb bewährt. Dies ist nur dann wirksam, wenn diese *inneren* Maßnahmen mit den Vorkehrungen im *unmittelbaren* und *weiteren Umfeld* der Sportanlage zusammen wirken.

Zu berücksichtigen ist, dass diese speziellen Zugangsanlagen gleichzeitig so gestaltet und ausgelegt sein müssen, dass Ordner und Einsatzkräfte der Polizei im Störfall schnell und in ausreichender Zahl herangeführt werden können.

## 2.5 Bauliche Gestaltung: Wirkung von Materialien und Farben

Die Gestaltung einer Sportanlage wird grundsätzlich auf Basis der Bedürfnisse des Sportes und dann erst ausgehend von Zuschaueranforderungen entwickelt. Das heißt :

1. Allen voran stehen die Notwendigkeiten, die die Spieler für den Sport benötigen.
2. Das Spielfeld und die sportlichen Einrichtungen werden somit an den Anforderungen der Spieler ausgerichtet.
3. Daraus entstehen die Sekundärbereiche um das Spiel zu ermöglichen (Garderoben, Versorgungsbereiche usw.).
4. Einfügen müssen sich Medien, Beschallung, TV-AÜ,
5. Zuschauerbereiche (Tribünen, VIP, Wege, Sanitärbereiche, Gastronomie) und
6. Sicherheit (Sanitätsdienste, Ordner, Polizei, Feuerwehr).

Dabei sind die Mindestanforderungen an die Bautechnik und -sicherheit, sowie der Gestaltungswille des Architekten und der sonstigen Beteiligten in der Regel nachgeordnete Bereiche, die sich den Anforderungen des Sports zu fügen haben. Dies schlägt sich auch in der Gestaltung (visuelle Reize) sowie der Auswahl der Baumaterialien (taktile Reize) nieder.

Als Beispiel für taktile und visuelle Reize können die Abschrankungen bei Stehplätzen herangezogen werden. Hier lautet die gesetzliche Anforderung, dass die Blöcke mit maximal 2.500 Besucherplätzen durch mindestens 2,20 m hohe Abschrankungen voneinander abgetrennt werden müssen. Nur sollte man hier einige Überlegungen zur psychischen Wirkung verschiedener Arten von Abschrankungen anstellen.

In der Vergangenheit wurden aus Kosten- und Praktikabilitätsgründen häufig Gitterkonstruktionen verbaut. Folgt man den Überlegungen zur Betriebssicherheit solcher Anlagen, so ist die Maschenweite derartiger Anlagen, um Verletzungen bei Drucksituationen zu vermeiden, klein.

Drei Wirkungen ergeben sich daraus:

- Die massiven Gitter erzeugen das Gefühl, eingesperrt zu sein.
- Man kann versuchen sie zu überklettern.
- Sie fordern Besucher heraus, ihre Kräfte an ihnen zu messen.

Setzt man stattdessen schlagfestes Glas ein, so entfallen diese Aspekte weitestgehend. Dabei muss durch die Konstruktion der Glaswände klar dargestellt werden, dass es sich nicht um Fensterscheiben handelt.

Generell kann man konstatieren, dass die Auswahl der Materialien und die verwendete Formensprache eine erhebliche Wirkung auf die Besucher ausüben können.

Farben als prominente Vertreter visueller Reize sind bekanntermaßen nicht ohne Wirkung. Aus der Ergonomieforschung sind Modelle bekannt, wonach an die Tageszeit angepasste Lichtsysteme stark zum Wohlbefinden beitragen. WEINBERG (1992) hat dies auf die Methodiken der Verkaufsförderung adaptiert. Dies kann auch auf die bauliche

Gestaltung von Veranstaltungsbauten im Allgemeinen und auf Sportstätten im Besonderen übertragen werden. Die Farbgestaltung kann sich also nicht nur als ästhetische Idee ausleben, sondern ist ein wesentlicher Bestandteil der Grundstimmung einer Sportstätte. Die unterschiedliche Wirkung der Farbeindrücke orange/rot (hohes Erregungspotenzial) gegenüber grün oder blau (geringes Erregungspotenzial) ist für die Einstimmung der Zuschauer nicht zu unterschätzen.

## 2.6 Bauliche Gestaltung: Abschrankungen, Wellenbrecher und weitere Sicherheitsmaßnahmen

In diesem Abschnitt sind Überlegungen zur Sicherheit beim Einsatz von Abschrankungen und Wellenbrechern zusammengefasst. Vergleiche hierzu auch STARKE, BUSCHHOFF & SCHERER, 2004, S. 104 ff. bzw. die Anmerkungen zur Eventnutzung in Abschnitt 2.3.
Es sind Einsatzbereiche zu unterscheiden, die durch ihre unterschiedlichen Bedingungen unterschiedliche konstruktive Lösungen erfordern:

1. Schutzeinrichtungen für das Spielfeld
2. Abschrankungen zwischen Stehplatzblöcken
3. Wellenbrecher in Tribünen
4. Abschrankungen im Einlassbereich
5. Abschrankungen vor Szenenflächen
6. Abschrankungen im Stehplatzbereich vor Szenenflächen

Alle Lösungen sollten folgende Eigenschaften besitzen:

a) Von der Konstruktion dürfen keine Gefahren ausgehen.
b) Die Konstruktion muss für die Schutzaufgabe geeignet sein, d.h. den voraussichtlich auf sie einwirkenden Kräften standhalten.

**Zu a) Von der Konstruktion dürfen keine Gefahren ausgehen**

Die Auswertung von circa 40 Unfallsituationen mit Verletzten und Toten an Abschrankungen mit Publikumsdruck führte in den meisten Fällen zu folgendem Befund: Aufgrund falscher Konstruktionen wurden Personen, die gegen derartige Barrikaden – sei es durch aggressive Handlungen oder nach einem erlittenen Schwächeanfall – gedrückt worden sind, durch die Geräte oder die Verbindungseinheiten selbst verletzt oder gar getötet. Die Maschenweiten in der Fläche der Abschrankungen waren in jedem Fall so groß, dass Personen mit Körperteilen oder ganzen Körperpartien hineingedrückt wurden. Dabei kam es dann aufgrund der hohen punktuellen Belastungen zu den schweren oder gar tödlichen Verletzungen.

Es kommt dabei nicht darauf an, ob es sich nur um senkrechte oder vertikal und horizontal verlaufende Gitter handelt. Ausschlaggebend ist immer der Abstand zwischen den Gitterteilen.

Bei der Konstruktion ist unbedingt eine flächige Gestaltung anzustreben, da die Gefährdungssituation durch die geringeren Punktkräfte (d.h. durch optimale Kräfteverteilung) entschärft wird. Maschenweiten in derartigen Abschrankungen müssen daher so klein wie möglich gehalten werden. In den Frontbereichen der Szenenflächen haben sich Barrikaden mit einer Maschenweite von nicht mehr als 5 mm bewährt. Dort hinein kann auch kein Kinderfinger mehr gedrückt werden.
Verbindungsglieder von mobilen Abschrankungen müssen selbstverständlich den selben Anforderungen genügen. Werden hier keine bündig oben und unten schließenden Elemente verwendet, entstehen wiederum lebensgefährliche Öffnungen. Ähnliches gilt für die unbedingt erforderlichen festen Verschraubungen und glatten Kanten des Handlaufs. Derartige Absperrlinien müssen standfest sein. Hier sind im mobilen Bereich nur Konstruktionen verwendbar, die aufgrund von integrierten Bodenplatten und Streben mindestens 2 kN/m Anpressdruck sicher aushalten.
Umstürzende Absperrlinien, z.B. in Kontrollbereichen, stellen ein nicht zu kalkulierendes Risiko dar. Auch darf die Überlegung, Absperrlinien zur Freigabe von zusätzlichen

Rettungswegen einfach umzuwerfen und dann das Publikum darüber zu evakuieren, in keinem Fall eine Option darstellen kann. Die dann im Weg liegenden Gitter usw. stellen tödliche Fallen für die darüber Fliehenden dar.

Die früher in Stadien als Wellenbrecher üblichen Rohrbügel stellen eine besondere Gefahr dar. Da in einer Drucksituation Personen unter dem Bügel hindurch gleiten können, löst das schnell einen Massensturz in den darunter liegenden Zuschauerbereichen aus. Zusammen mit ungünstigen Untergrundverhältnissen (z.B. Nässe) hat diese Bauform beim ROSKILDE FESTIVAL (Open-Air-Event in Dänemark) im Jahr 2000 zu einem schweren Unfall mit neun Toten geführt.

**Zu b) Die Konstruktion muss für die Schutzaufgabe geeignet sein, d.h. den voraussichtlich auf sie einwirkenden Kräften standhalten**
*Absturzsicherungen* und Barrikaden bzw. Abschrankungen und Wellenbrecher haben völlig andere Aufgaben und müssen daher auch anders aufgebaut sein.
Absturzsicherungen (Geländer) dienen dazu, Personen vor dem Absturz auf eine Ebene unterhalb des Standorts zu bewahren. Sie können nach den Standardformen des Arbeitsschutzes hergestellt werden. Sie bestehen aus den Bauelementen:

1. Handlauf
2. Knieleiste
3. Fußleiste
4. Stütze

Werden dabei die üblichen Belastungswerte von 2 kN/m horizontal und 0,8 kN/m vertikal zu Grunde gelegt ist die Sicherheit weitestgehend hergestellt. Barrikaden/Abschrankungen und Wellenbrecher müssen zum einen den Anforderungen, die oben dargestellt worden sind genügen, und sollten zum anderen von der Gestaltung her ein Übersteigen zumindest erschweren. Dies korrespondiert wiederum mit der Forderung nach einer möglichst geschlossener Frontseite als Druckfläche.

## 2.7 Das Stadiongelände und der Nahbereich

Neben der rein baulichen Seite ist eine Sportstätte auch ein gesellschaftliches Objekt. Folgender Abschnitt beschreibt diese soziale wie bauliche Lage und die Integration.

### 2.7.1 Das gesellschaftliche Umfeld: Sportstätten im Brennpunkt

Da Sportstätten im Brennpunkt von Interessenfeldern unterschiedlichen Charakters und unterschiedlicher Intensität stehen, sind sie Objekt von Interessengleichheit und Konflikten gleichermaßen. Dies hat seine Ursachen häufig aufgrund der Gestaltung der Anlage und ihrer Nahzone. Die unterschiedlichen Ansprüche bestehen in der Konkurrenz zwischen dem Sportinteresse, dem Interesse der öffentlichen Sicherheit sowie dem des Arbeitsschutzes. Hier handelt es sich um Konflikte, die der Betreiber als Bauherr unmittelbar zu lösen und auszubalancieren hat.

Zur weiteren Umgebung der Sport- bzw. der Eventstätte gehören die Stadt, zu der das Bauwerk gehört, sowie der abzuschätzende Einzugsbereich, aus dem die Fans und Besucher anreisen. Diese Fernzone entzieht sich naturgemäß zum größten Teil der Gestaltung durch den Sportverein bzw. die Betreiber einer Eventstätte. Durch die dort vorhandenen Strukturen bewegt sich der vom Sport oder Event hervorgerufenen Menschenstrom. Man muss sich darüber im Klaren sein, dass die Bewegung von größeren Menschmengen eine deutliche zusätzliche Belastung der Infrastruktur der Gemeinde und der weiteren Umgebung darstellt. Das wird nicht nur positiv gesehen, sondern ruft auch offene oder verdeckte Gegnerschaft auf den Plan.

Es entsteht hier ein komplexes Feld von unterschiedlichen Interessenslagen (*Zielmatrix*), die der Verein auch als Betreiber einer Eventstätte nur noch im Konsens mit der Bürgerschaft bewältigen kann. Dieser „politische Faktor" ist ein enorm wichtiger Aspekt, um Bau und Betrieb der Anlage sicher zu stellen. Dabei sind die folgenden Anforderungen der Zielmatrix gegeneinander abzuwägen und auszugleichen:

1. Die Anforderungen der Sportverbände und des Vereins an einen sicheren und effizienten Betrieb im Sinne der Sportausübung.
2. Das Interesse der Öffentlichkeit (Sportfans, Besucher) am Sportereignis teilzuhaben
3. Das Interesse der Kommune am Sport als Teil des gesellschaftlichen Lebens.
4. Das Betreiberinteresse, einen wirtschaftlichen Betrieb der Sportstätte – u.a. durch andere Nutzungen wie z.B. als Open Air Eventstätte – zu sichern.
5. Die Sportstätte als Wirtschaftsfaktor in der Kommune und positiver Motivationsfaktor für die Entwicklung der Kommune und der Region.
6. Die Sportstätte als Belastungsfaktor für Infrastruktur und Umwelt.
7. Die Sportstätte als Kostenfaktor im kommunalen Haushalt (Zuschüsse, Kosten für Polizei und Rettungsdienste).
8. Die Sportstätte als Auslöser von Störungen der öffentlichen Sicherheit und Ordnung
9. Die Sportstätte als Immissionsquelle in der Nachbarschaft.

Daraus resultieren folgende Schnittmengen aus den unterschiedlichen Interessen und Anforderungen:

**a) vollständige Übereinstimmung (*Zielkongruenz*)**
- Das Bestreben des Vereins als Träger des Sports und Betreiber der Sportstätte den Sport auszuüben und
- das Interesse der Fans am Erlebnis „Sport".

**b) weitgehende Übereinstimmung**
- Das Interesse der Bürgerschaft und der Gemeinde am Sport als Teil des gesellschaftlichen Lebens,
- das Betreiberinteresse, einen wirtschaftlichen Betrieb der Sportstätte u.a. durch andere Nutzungen wie z.B. als Open Air Eventstätte zu sichern, und
- die Sportstätte als positiver Faktor im Wirtschaftsleben der Gemeinde und Motivationsfaktor für die Entwicklung der Gemeinde/der Region.

c) teilweise Übereinstimmung
- Die Anforderungen der Sportverbände an einen sicheren und effizienten Betrieb im
  Sinne der Sportausübung und
- die Forderungen des Staates nach sicherem Betrieb der Versammlungsstätte
  „Stadion" und kleinerer Sportarenen.

d) teilweise gegensätzliche Interessen
- Das Betreiberinteresse, einen wirtschaftlichen Betrieb der Sportstätte auch  u.a.
  durch andere Nutzungen wie z.b. als Open Air Eventstätte zu sichern
- gegenüber den Belastungsfaktoren der Infrastruktur (Versorgung/Verkehr).

e) gegensätzliche Interessen (Zielkonflikte)
- Die Sportstätte als Auslöser von Störungen der öffentlichen Sicherheit und Ordnung.
- Die Sportstätte als Immissionsquelle in der Nachbarschaft.
- Die Sportstätte als Kostenfaktor im kommunalen Haushalt (Zuschüsse, Kosten für
  Polizei und Rettungsdienste etc.).

Es besteht die Notwendigkeit, diese unterschiedlichen Interessen ins Gleichgewicht zu
bringen. Die dazu erforderliche Lobbyarbeit muss sowohl in den parlamentarischen
Gremien als auch in den Medien ständig und professionell geleistet werden.

### 2.7.2 Bauwerk und Sportstättengrundstück

Für die sichere Abwicklung von Sportveranstaltungen sind die ausreichend dimensio-
nierten und gekennzeichneten Wege und Rettungswege von den Eingängen bis hin zu
den Zugängen der einzelnen Blöcke ausschlaggebend.
Die Leitung der unterschiedlichen Besuchergruppen ohne Überschneidung der Wege ist
ein erprobtes und grundlegendes Sicherheitsmittel. Dies gilt verstärkt für die Zugangswege zu den Fankurven und Fanbereichen und die Wege der übrigen Besucher. Hier sind
Trennung und Kreuzungsfreiheit der Wege als Prävention gegen Zusammenstöße
immer nötig. Diese notwendigen Wege müssen so gestaltet werden, dass sie unabhän-

gig und möglichst ohne Überschneidungen mit den Zufahrten für die Feuerwehr und Rettungsdienste verlaufen. Dieses Problem stellt sich besonders bei der Nutzung als Eventstätte, wenn die Notwendigkeit besteht, zur Energieversorgung Generatoren zu installieren, deren Leitungen bis in den Innenraum zu führen, und im Umfeld der direkten Veranstaltung in diesen Bereichen Gastronomie als Versorgungseinheiten für die Besucher installiert wird.

Eines der zentralen Probleme stellt die Verfügbarkeit der Funktionsflächen, die bei Einsatz von Veranstaltungstechnik notwendig sind, dar.

Hierzu gehören: Garderoben, Aufenthaltsräume, Crewcatering, Lagerflächen für Material und Leergut, Parkflächen für LKW, Verfügungsflächen für Polizei, Feuerwehr und Rettungsdienste, Stellflächen für TV-Ü-Wagen, Regiestände etc.

### 2.7.3 Verkehrslenkung: Organisatorische Maßnahmen

Organisatorische Möglichkeiten für die *Verkehrslenkung* und die Abwicklung des *aktiven und passiven Verkehrs* sind bei kooperativer Zusammenarbeit der kommunalen Aufgabenträger mit dem Verein und dem öffentlichen Personennahverkehr immer zu schaffen. Es bedarf jedoch der kontinuierlichen Entwicklung durch die Institutionalisierung der Sport- und Eventszene, mit dem schrittweisen Abbau von Widerständen. Gelingt es nicht, die politischen, gesellschaftlichen und Verwaltungsspitzen für sich zu gewinnen, ist das Vorhaben trotz aller Mühen nicht dauerhaft erfolgreich.

Dies gilt nicht nur für die allgemeine Verwaltung, auch Polizei und Feuerwehr müssen positiv eingenommen werden. Zwar sind diese Behörden sicherlich verpflichtet, die Dinge mit abzuarbeiten. Da alle Großveranstaltungen jedoch gerade in diesem Bereich eine deutliche Zusatzbelastung für die Polizeibeamten und Feuerwehrleute mit sich bringen, wirkt hier eine „sympathische" Einstellung zumindest erleichternd. Darüber hinaus darf man nicht unterschätzen, wie viel Wissen und Kenntnisse in einer solchen produktiven Zusammenarbeit wechselseitig ausgetauscht werden können.

### 2.7.4 Standortmarketing durch Veranstaltungen

Ausgehend von der Tatsache, dass generell ein öffentliches Interesse an der Ausübung des Sports besteht, ist die Einbindung von derartigen Großanlagen eine Frage der Stadtplanung und -entwicklung, also eines rein politischen Bereiches, den es mitzugestalten gilt. Kommerzielle Veranstaltungen (ausgenommen Stadt- Straßen- und Traditionsfeste) werden selten mit öffentlichem Interesse verknüpft, im Gegensatz zu Sportveranstaltungen. Die Durchführung von Events ist eine klassische unternehmerische Leistung, die sich den Interessen der Öffentlichkeit, auch insbesondere im weiteren Umfeld der Anlage anzupassen hat, die allerdings ebenso wie der Sport der politischen Akzeptanz bedarf. Daher ist auch auf diesem Feld Lobbyarbeit nötig. Dies muss wesentlicher Bestandteil der Öffentlichkeitsarbeit des Vereins als Betreiber des Stadions sein.

Es sei an dieser Stelle nochmals darauf hingewiesen, dass gerade Großveranstaltungen mit internationalen Stars den Ruf einer Stadt über ihre Grenzen hinaus positiv prägen. Befragungen bezüglich der Attraktivität von Standorten ergeben im Regelfall, dass außer den üblichen Standortbedingungen wie Verkehrsanbindung etc. ein großes, vielfältiges Sport-, Kultur- und Eventangebot ein wesentlicher Standortvorteil ist.

## 2.8 Die Eingangssituation

### 2.8.1 Einlasskontrollen

Im Einklang mit den Regeln des DFB und der FIFA werden Kontrollstationen in den Eingangsbereichen als Bestandteil der Bauvorschriften verlangt. Dabei sind die Vorgaben hier sehr dürftig und beschränken sich auf die generelle Forderung nach Vereinzelung bei der Ticketkontrolle, der Überprüfung auf das Mitführen von gefährlichen Gegenständen und der Gepäckkontrolle.

Die Gestaltung dieser Bereiche muss bei den drei Nutzugsarten:

1. Ligabetrieb Fußball und nationale Turniere
2. Internationale Turniere
3. Event

sehr unterschiedlichen Anforderungen und Bedingungen genügen.

Im **Ligabetrieb** und bei **nationalen sowie internationalen Turnieren** sind die Regelvorschriften nur in einem wichtigen Punkt unterschiedlich: seitens der internationalen Verbände wird keinerlei Mitnahme von Rucksäcken und Getränken geduldet. Dies ergibt sich sowohl aus der Sicherheitsstrategie als auch aus den wirtschaftlichen Interessen der Sponsoren (Getränkehersteller usw.). Aus diesen Gründen wird häufig das Mitführen von Fremdprodukten untersagt.

Solche Informationen müssen bereits lange im Vorfeld einer Veranstaltung kommuniziert werden, etwa durch verstärkte Medienarbeit oder sonstige Bekanntmachungen. Insbesondere gilt das bei den internationalen Turnieren, da die dazu anreisenden Fans häufig Tagesgepäck (Rucksäcke) mitführen und oft verärgert reagieren, wenn sie derartige Dinge abgeben müssen.

Bei **Bundesligaspielen** stellt sich dieses Problem nur in geringem Umfang. Hier kennen die Zuschauer die lokalen Gepflogenheiten. Da sie überwiegend aus dem Umkreis des Stadions zum Spiel kommen, führen sie nur selten Rucksäcke etc. mit. Das gilt sinngemäß auch für die anreisenden Fans der Gastvereine.

Bei Fußballveranstaltungen sind auf Zuschauerseite drei Verhaltensweisen bekannt:

- Die Mehrzahl der Besucher kommt erst relativ kurz vor dem Spielbeginn, was zu Stausituationen im Einlassbereich führt.
- Abhängig vom jeweiligen Spiel ist die emotionale Lage der Einlass Begehrenden entspannt oder aggressiver (z.b. Relegationsspiele, rivalisierende Vereine, Lokalderbys).
- Werden bevorstehenden Kontrollen nicht klar und frühzeitig kommuniziert, steigert dies die ablehnende Haltung der Besucher gegenüber der Maßnahme.

Gerade ersterer Aspekt führt häufig an die technischen Grenzen, da die Eingangssituationen räumlich nicht unbegrenzt erweitert werden können. Die Eingangssituation sollte jedoch baulich so klar wie möglich gestaltet sein. Insbesondere ist es hilfreich, wenn den Ankommenden ersichtlich ist, dass z.B. bei FIFA Turnieren eine zweistufige Kontrolle erfolgt: Kartenkontrolle und anschließende Personen- und Gepäcküberprüfung. Durch Ausgabe von Tickets, die bestimmten Zugängen zugeordnet sind, lässt sich die Eingangssituation zusätzlich entspannen.

Diese Zuschauerleitung muss sich auch auf die Steuerung der Anreise ausdehnen, sodass Parkplätze, Zugangswege über Straßen, S-, U-Bahn und Buszugänge ergänzt durch Hinweise in Form von Mitteilungen in den Medien sowie Straßenbeschilderungen jeweils zu den vorgesehenen Eingängen führen.

Speziell bei **internationalen Turnieren** bedarf die technische Abwicklung der Kontrollen eines systematischen Aufbaus. Im Fall der bereits erwähnten zweistufigen Kontrolle ist dafür Sorge zu tragen, dass den anreisenden Besuchern in der Situation der Erstkontrolle schon der Eindruck einer standfesten baulich gestalteten Anlage vermittelt wird. Hilfs-weise aufgestellte Polizeigitter etc. durch deren Lücken die einzelnen Zuschauer an ein-zelnen Ordnern vorbei ihre Tickets vorweisen, führen zu der Fehleinschätzung, in einer aggressiven Situation der Organisation überlegen zu sein und somit unerkannt aus der Masse heraus aggressiv vorgehen zu können. Dieses Phänomen wird noch verstärkt, wenn nach dem Durchschreiten der ersten Kontrolle ein relativ großer Platz oder Raum zur Verfügung steht, der einen Stauraum bildet vor der nächsten Kontrollstufe. Grund-sätzlich ist dagegen nichts einzuwenden. Es führt erfahrungsgemäß jedoch dazu, dass diese zweite Wartezone als nicht überwacht und kontrolliert, also als ordnungstechni-scher Leerraum empfunden wird.

Sind dann noch die Personenkontrollen als Interimsmaßnahme vor den eigentlichen Eingang vorgezogen, so bildet sich hier auch für die kontrollierenden Ordner eine Iso-lationssituation, in der sich aggressive Handlungen gegenüber dem Kontrollpersonal schnell ausbreiten können.

Eineutige Wegeführung durch technische Maßnahmen und massive, deutlich erkenn-bare Präsenz von Ordnungspersonal und Anwesenheit von Polizeikräften können Aggressionen präventiv unterdrücken.

Zur Situationsbeherrschung gehört hier selbstverständlich eine erhebliche Anzahl von Leitungspersonal im Ordnungsdienst, das die Situation beobachtet und mittels Kom-munikationseinrichtungen rechtzeitig Verstärkungen an Störpunkte leiten kann.

Die Einlasskontrolle bei **Events** gestaltet sich ähnlich, bedarf jedoch insbesondere hin-sichtlich der Gepäckkontrollen und Sicherstellungen von Gepäck der Kommunikation im Vorfeld. Besucher von Konzerten sind in der Gesamtheit oft ortsunkundiger (weite Anreise) und mit den Regularien nicht so vertraut, wie der regelmäßige Stadion-besucher. Das Sicherstellen von Gepäck stellt gefühlsmäßig einen sehr aggressiven Eingriff in die Besitzrechte des Einzelnen dar. Das wird erfahrungsgemäß leichter tole-riert, wenn es vorher bekannt ist.

Um die Situation bei der Gepäcksicherstellung präventiv zu entspannen, bedarf es ausreichend großer und sicherer Aufbewahrungs- und Ausgabemöglichkeiten. Sicherheit hat hier eine Doppelbedeutung:

- Sicherheit für das dort aufbewahrte Gepäck und
- Sicherheit für die Mitarbeiter an diesem Posten.

Es ist unbedingt nötig, dass die Gepäckstücke sowohl vor fremdem Zugriff als auch geschützt vor Verschmutzung und Witterungseinflüssen, z.b. in Regalsystemen mit Wetterschutz deponiert werden.

Mittels der notwendigen Kennzeichnungen der Gepäckstücke kann die Aufbewahrungsstelle eindeutig zugewiesen werden. Dabei ist zu berücksichtigen, dass in der Phase kurz vor Veranstaltungsbeginn und nach Ende der Show hier eine Flut von Kunden zu erwarten ist, was bei zögerlicher Annahme bzw. Rückgabe durchaus ein erhebliches Aggressionspotential auslösen kann. Demnach ist auch hier nicht nur eine ausreichend dimensionierte Ausgabe vorzusehen, sondern auch eine entsprechend bemessene Anzahl Ordner einzusetzen, um die Rückgabe schnell bewerkstelligen zu können.

So wie im Eingangskontrollbereich muss die Situation bei der Gepäckrückgabe durch Leitungspersonal gesteuert und überwacht werden, um kleine Störfälle unmittelbar auflösen zu können.

### 2.8.2 Verweildauer im Eingangsbereich

Die Verweildauer der Zuschauer im Eingangsbereich von Fußballstadien ist verhältnismäßig kurz und im Wesentlichen abhängig von der Dauer der Kontrollen.

Unterhaltungsprogramme außerhalb des Stadionbereiches (z.B. Stadion-TV, Business-TV) sprechen nur relativ geringe Zuschaueranteile an, was zu entsprechend unaufmerksamer, allenfalls latenter Rezeption führt.

In diesem Areal sollten Sponsoren- und Unterhaltungsstände so arrangiert werden, dass bei Stau der ankommenden Zuschauer keine extremen Engpässe im Vorfeld des Eingangsbereiches entstehen. Dies führt erfahrungsgemäß zu Konfliktsituationen zwischen den dann andrängenden Besuchern und den Interessenten, die sich an den

Ständen aufhalten. Größere Vorfeldaktionszonen bedingen dann selbstverständlich auch hier die Bereitstellung von Toilettenanlagen – nicht nur aus Service- sondern auch aus hygienischen Gründen.

### 2.8.3 Anforderungen an das Publikumsmanagement

Neben der deutlichen Wegeführung zu den entsprechenden Plätzen und deren eindeutige Kennzeichnung (auch auf den Tickets!) spielt die Einweisung durch Ordner beim Zugang eine wichtige Rolle.

Aus empririschen Beobachtungen von Menschen in Massenströmen an ihnen fremden oder nicht gut bekannten Orten ergibt sich, dass die Orientierung mit Hilfe von ortskundigen Personen, also dem Ordnungspersonal, besser funktioniert als nur durch Wegekennzeichnungen und -markierungen. Stellt sich der Ordnungsdienst zudem gleich in der Einlasssituation nicht in leichter Drohhaltung als „Wache", sondern als primär helfender Dienstleister dar, so führt dies zu einer positiveren Stimmung zwischen den Besuchern und den Ordnern. Gleichzeitig wird hier ein Bezug zu den Ordnungskräften im Fall der Notsituation, also der Evakuierung geschaffen. OPASCHOWSKI (2000, S. 61) dehnt diese permanente Forderung nach hoher Dienstleistungsqualität auf die gesamte Personalpolitik einer Erlebnisstätte aus.

### 2.8.4 Einlasssituation bei Eventnutzung – Erlebnispfadmanagement

Kontroll- und Schleusensektionen wirken auch auf das Eventpublikum immer ungewöhnlich, teilweise bedrohlich. Die anstehenden Kontrollen werden als unangenehmer Eingriff in die Privatsphäre gewertet.

Entspannend kann hier eine Beschallung in diesem Bereich wirken. Durch Einsatz von Titeln des spielenden Showacts kann Vertrautheit geschaffen werden. Derartige Beschallungen werden auch im Bereich der Gestaltung von Verkaufsräumen eingesetzt (WEINBERG, 1992, S. 164).

Der weitere wesentliche Unterschied zu einer klassischen Sportveranstaltung besteht in den sehr langen Verweilzeiten des Publikums schon vor Öffnung des Geländes. Je nach Genre wird lange vor Einlass vor der Eventstätte gelagert. Bei Megastars der Jugendszene treffen die ersten Fangruppen etliche Stunden vor „Doors Open" ein. Dadurch ergeben sich Probleme bezogen auf die Toilettensituation und die Versorgung mit Getränken, insbesondere bei Open-Air-Veranstaltungen im Sommer. Diesbezüglich wurden bei Großveranstaltungen guten Erfahrungen gemacht, z.B. Wasser zu Selbstkostenpreisen anzubieten. Hinzu kommt noch die Notwendigkeit, selbst mehrere Stunden vor Öffnung des Geländes schon Sanitätskräfte zur Hilfeleistung und Security in den Wartezonen zur Verfügung zu haben. An diesen Stellen sind Toilettenanlagen in ausreichender Zahl ständig zur Verfügung zu stellen (Hinweis: Berechnung der Anzahl der Toiletten nach § 12 MVStättV, vgl. STARKE, BUSCHHOFF & SCHERER, 2004, S. 64 f.). Da sich die Musikfans bei großen Veranstaltungen u. U. nach Beginn des Einlasses bis zu acht Stunden und mehr auf dem Gelände befinden, ist eine Einschränkung der Mitführung von Getränken zur Selbstversorgung (Wegnahme von Weichflaschen usw.) erfahrungsgemäß nicht zu verantworten. Die Grundversorgung mit Trinkwasser für die Besucher ist sicherzustellen. Dabei können keine üblichen Gastronomiepreise kalkulatorisch zu Grunde gelegt werden. In Sonderfällen (wie etwa beim 20. Weltjugendtag 2005 in Köln) ist über eine kostenlose Bereitstellung von Trinkwasser mittels öffentlicher Wasserzapfstellen nachzudenken.

Die bei Fußballspielen notwendige spezielle Wegeführung entfällt im Bereich der Veranstaltungen mit Eventcharakter vollständig, da wie schon dargestellt hier eine homogene Identifikation mit dem Ereignis und dessen Protagonisten Grund für die Teilnahme als Besucher ist. Antagonismen sind also nicht oder nur rudimentär vorhanden, was dann zur „Love and Peace" Stimmung führt und führen soll.

Hier ist beim Betrieb des Stadions als Eventstätte zu beachten, dass Teile der Zugänge und Zugangswege für mehr Menschen als beim Sportbetrieb zur Verfügung stehen müssen, da die Zuschauer im Innenraum ebenfalls über diese Wege geleitet werden müssen.

Grundsätzlich ist die persönliche Wetterschutzausrüstung Sache des einzelnen Besuchers. Andererseits gibt es auch eine zumindest moralische Fürsorgepflicht des Veranstalters über die vorgeschriebene Sicherheit hinaus, sich um sein Publikum zu kümmern. Das Verschenken von Regenponchos, Mützen usw. mit den Emblemen der Sponsoren schafft hier Abhilfe und ergibt zudem noch einen guten Marketingeffekt.

## 2.9 Sonstige Anforderungen

### 2.9.1 Stadionsprecher/Publikumsleitung bei Sportbetrieb

In der Spieltagssituation z.B. bei Fußballspielen besitzt der Stadionsprecher eine etablierte Leitfunktion. Auch Anweisungen im Krisenfall, die aus demselben Mitteilungsbereich kommen, werden von den Besuchern wahrgenommen, sodass selbst bei einer Evakuierung unter Leitung der Polizei die Anweisungen bei den Besuchern ankommen und auch befolgt werden. Bei internationalen Turnieren greift man auf fremdsprachliche Gastsprecher bzw. in den relevanten Sprachen vorbereitete Alarmierungstexte zurück.

### 2.9.2 Stadionsprecher/Publikumsleitung bei Eventbetrieb

Eine Leitfunktionen die des Stadionsprechers gibt es hier in der Regel nicht. Die Besucher sind vollständig auf die szenische Darstellung und insbesondere auf die Akteure fixiert. Durchsagen der Polizei oder der Feuerwehr über die vom Gesetzgeber vorgeschriebene ELA-Anlage werden selten wahrgenommen, sondern von der Mehrzahl der Besucher eher als Störung eingestuft und ignoriert. Hinzu kommen Verständlichkeitsprobleme durch die hohen Schallpegel vieler Musikdarbietungen. Daher sind zwei Dinge unumgänglich:

1. Durchsagen im Gefahrenfall müssen mittels Vorrangschaltung technisch bzw. organisatorisch gegenüber der Showbeschallung vorgenommen werden können.
2. Falls möglich, sollten notwendige Durchsagen im Störfall von Darstellerseite über die Beschallungsanlage an das Publikum weitergegeben werden.

Letztere Verfahrensweise hat sich in Störfallsituationen gut bewährt, da die „Anweisungen", die vom Star des Abends kommen, unmittelbar von den Besuchern akzeptiert und befolgt werden. Dies bedarf natürlich der Vorbereitung und Einweisung bzw. der Bereitschaft zur Mitarbeit auf Künstlerseite.

### 2.9.3 Videoüberwachung

Ausgehend davon, dass Gewalttäter und Hooligans sich dann stark fühlen und ihr „Spiel" spielen, wenn sie als Teil in einer großen Menschenmenge davon ausgehen können anonym zu bleiben, hat sich der Einsatz leistungsfähiger Kamerasysteme in den Stadien als ausgezeichnete präventive Maßnahme bewährt.

Es ist daher unbedingt nötig, diese Videoüberwachung in den Eingangsbereichen zu installieren und zu nutzen. Ergänzend besteht die Notwendigkeit, diese Maßnahmen auch auf die Hauptzugangswege des Nah- und Fernbereiches auszudehnen. Dies ist in Deutschland ein Feld umfangreicher Diskussion, die allerdings den Tatsachen wenig Rechnung trägt und in der Sache eher kontraproduktiv wirkt. Interessanterweise nehmen Gewalttaten dort ab, wo derartige Systeme eingesetzt worden sind. Gewalttäter haben nur noch dort Unheil angerichtet, wo sie große Chancen sahen, unerkannt zu entkommen. Dass es sich dabei um ein sensibles Instrument handelt, das, zu mindest im öffentlichen Verkehrsraum, ausschließlich in die Hände der Polizei gehört und der richterlichen Kontrolle bedarf, ist selbstverständlich. Es ist sinnvoll, den Einsatz derartiger Systeme sehr deutlich, auch im Vorfeld der Veranstaltung, anzukündigen und bekannt zu machen. Verdeckte Beobachtung ist zwar beweissichernd, hat jedoch keine abschreckende Wirkung. Dies ist nichts Neues, sondern wird im Bereich der Sicherheit von Kassen und Spielhallen als ständige Arbeitsschutzmaßnahme praktiziert bzw. gehört an den meisten Tankstellen zur Standardausrüstung.

### 2.9.4 Nachbarschaft und Immissionsschutz

Ein wesentlicher Faktor ist die Auseinandersetzung, mit den Anwohnern in der Nah- und Fernzone, mit denen im Idealfall ein gütliches Arragement getroffen werden sollte. Zu bedenken ist nämlich, dass insbesondere im Immissionsschutz das Recht des

Einzelnen auf Schutz vor den Wirkungen von Betriebsanlagen das Maß aller Dinge ist. Dies stellt den am wenigsten kalkulierbaren Bereich dar. Es muss berücksichtigt werden, dass das Immissionsschutzrecht jederzeit Beschwerde vorsieht und dass das Recht darauf auch ausgeübt wird. Auch die Hinnahme von Belastungen über einen längeren Zeitraum schmälert die Wucht einer dann auftretenden Beschwerde nicht. Das heißt, dass bei großen Veranstaltungen, seien es Turniere oder Events, intensive Informationsarbeit in der Fläche unabdingbar ist. Dabei hat es sich als wirksam erwiesen, Einwendungen und Bedenken ernsthaft zu behandeln und nicht als lästigen Störfaktor beiseite zu schieben. Die Auswirkungen der veranstaltungsbedingten Geräuschquellen, also von technischer Beschallung, Verkehrslärm und Publikumsgeräuschen, sind nur durch qualifizierte Begutachtung wirklich zu erfassen und zu bewerten. Für Großveranstaltungen und auch für geplante bauliche Maßnahmen muss im Vorfeld eine Immissionsbegutachtung beauftragt werden, um die Auswirkungen zu kalkulieren und Schutzmaßnahmen oder nötige Veränderungen der Planung mit Rücksicht auf die Umgebung vorab zu veranlassen.

Haben sich in diesem Bereich erst Gegnerschaften gebildet, so hat der Verein oder Veranstalter eines Events immer die schwächste Position, da er der Verursacher der Störung ist und seine Interessen denen der Nachbarschaft unterzuordnen hat.

# 3 Organisatorische Stadionsicherheit

Nach der in Kapitel 2 erfolgten umfassenden Betrachtung des Bauwerks Stadion erfolgt nun eine Adaption der festgestellten Befunde für den Betrieb, speziell aus der sicherheitstechnisch-organisatorischen Perspektive und unter besonderer Berücksichtigung der beiden Nutzungsarten *Sport* und *Event*.

## 3.1 Sicherheitsbereiche und Schnittstellen

Bei der Betrachtung der organisatorischen Stadionsicherheit sind drei zu gestaltende Bereiche deutlich zu unterscheiden und sind Voraussetzung für die Sicherheit der Veranstaltung. In diese Betrachtung mit einbezogen werden müssen:

- das Umfeld des Stadions,
- der Baukörper des Stadions mit der direkten Stadionumgebung und
- der Bereich der organisatorischen Sicherheit selbst als Kernbereich.

Hieraus ergeben sich organisatorische Schnittstellen und Überschneidungen zwischen

- Ordnungsdienst
- Sanitätsdienst und Rettungsdienst
- Brandschutz
- Spieltagsorganisation/Technische Leitung zwischen dem äußeren und inneren Sicherheitsbereich.

Der *innere Sicherheitsbereich* umfasst alle Teile der Versammlungsstätte (Bauwerk und Grundstück) – der Betreiber besitzt darüber die Verantwortung. Der *äußere Sicherheitsbereich* wird definiert durch die nähere und weitere Umgebung, also auch den gesamten Einzugsbereich der Versammlungsstätte. Somit ist zwar der Veranstalter Auslöser für die Maßnahmen, hat naturgemäß jedoch keine Eingriffsmöglichkeiten zur Steuerung der Vorgänge. Hier sind die Ordnungsbehörden für die Sicherheit verantwortlich.

# 3.2 Reaktion auf Zuschauerverhalten

Generell kann davon ausgegangen werden, dass die Mehrzahl der Sportzuschauer an einem friedlichen Ablauf von Anreise, Spaß am Spiel und Heimkehr interessiert ist. Dies ist weitestgehend deckungsgleich mit dem Besucherverhalten bei Events. Probleme ergeben sich immer dann, wenn besonders aggressive Zuschauer zu erwarten sind (z.B. Schlachtenbummler mit einem Fanzug anreisen oder spezielle Bustransfers eingerichtet werden). Hier ergibt sich eine der wesentlichen Schnittstellen vom Umfeld mit seinen Wegeproblemen bis hin zur baulichen Gestaltung der Sportstätte.

Dies sind die Schnittstellen, die es zu gestalten und zu sichern gilt. Dazu gehört die Führung dieser Problemgruppen über gesicherte Wege und Straßen bis zu den speziellen separaten Zugangsführungen im Stadion bis zur jeweiligen Fankurve. Dabei ist schon bei der Bauplanung dafür zu sorgen, dass die entsprechenden Bereiche dafür ausgelegt und gestaltet werden.

Zusammen mit Alkoholkonsum können gruppendynamische Prozesse die Eskalation in Richtung Aggressivität lenken, die sich dann auf weitere Teile der Besucher ausweiten kann. Es ist in jedem Fall mit einem nicht unerheblichen Prozentsatz an gewaltbereitem oder gewaltgeneigten Fans zu rechnen (nach HENNES sind 5 % der Besucher als konfliktgefährdet einzustufen), ohne dass diese Personen der ganz anders strukturierten Hooliganszene zuzurechnen sind (vgl. Abschnitt 1.3). Diese Publikumsanteile stellen sowohl ein besonderes Problem für das Stadionumfeld (also die Bereiche Bahnhöfe, öffentliche Wege zum Stadion und Parkflächen) als auch für die innere Organisation des Stadions dar.

Hier ist eine intensive Zusammenarbeit der Vereine (sowohl des Gastgebers als auch des Gastvereines) und deren *Fanorganisationen* mit den Polizeibehörden zu etablieren. Dies hat auch in den Regeln der Verbände seinen Niederschlag gefunden.

Die Zusammenarbeit sollte sich nicht nur auf die *Sicherheitsbesprechungen* vor den einzelnen Heimspielen beschränken, sondern bedarf der Zu- und Zusammenarbeit von Fanbeauftragten, Sicherheitsbeauftragten, szenenkundigen Polizeibeamten und sonstigen Trägern der öffentlichen Sicherheit (vgl. Abschnitt 3.5.1).

Diese Maßnahmen, insbesondere die Sicherheitsbesprechungen, sind auch im Bereich der kleineren Turniere und bei der Vorbereitung und Durchführung von Events eine selbstverständlich notwendige Einrichtung.

## 3.3 Stadionumfeld und Erschließung

Rein formal gehört das Umfeld des Stadions außerhalb der Grundstücksgrenzen nicht zu der Versammlungsstätte Stadion. Da ohne die Nutzung der Funktionsflächen (städtische Wege z.B. vom Hauptbahnhof durch die Innenstadt und von den weiteren in Frage kommenden Bahnhöfen zum Stadion hin), den Hauptzufahrtsstraßen, den angrenzenden Straßen und den Parkplätzen weder die Verkehrsströme vernünftig gelenkt werden können noch ein eventuell notwendiger Rettungseinsatz möglich ist, werden diese Funktionsflächen in die Gesamtplanung mit einbezogen.

Insbesondere muss hier immer wieder die Verkehrssituation beachtet werden. Dabei liegt der Schwerpunkt beim Heranführen und Rückführen der Fangruppen u.a. von den Bahnstationen durch die Innenstadt zum Stadion und zurück. Dies gilt genauso für die Wege von den Parkplätzen und vice versa.

Die Erschließungssituation findet ihren Niederschlag in der städteplanerischen Festlegung in den entsprechenden Bebauungsplänen, den Verkehrsordnungs- und Lenkungsplanungen sowie den Überlegungen für die Einbindung des Öffentlichen Personennahverkehrs (ÖPNV).

Dies gilt für die beiden Bereiche *Sport* und *Event* gleichermaßen. In allen Fällen bedarf es des Einvernehmens mit der Gemeinde und des Zusammenspiels mit den Verkehrsträgern. Dabei sollte man nicht vergessen, dass es sich bei der Bereitstellung von Bahnen und Bussen durch die Träger des öffentlichen Nahverkehrs im Regelfall nicht um kostenlose Leistungen handelt, sondern dass diese Dienstleistungen bezahlt werden.

Sowohl *Sport* als auch *Event* sollten im öffentlichen Interesse etabliert werden. Dies ist im Sport durch seine gesetzliche Verankerung leicht nachvollziehbar; bei Events scheint dies schwieriger – hilfreich ist jedoch, dass Veranstaltungen im Regelfall einen positiven Grundgedanken tragen und eine Außenwirkungen haben. Zusätzlich lassen erfolgreiche Veranstaltungen der betroffenen Kommune erhebliche Mittel zufließen. Beispielsweise liegt das Steuer- und Gebührenaufkommen bei einem Open-Air-Event mit 50.000 Besuchern im Normalfall im sechs- bis siebenstelligen Bereich.

## 3.4 Störungen oder Gefährdungen der öffentlichen Sicherheit

Hier ist der Begriff der Störung im vorgenannten Sinne vorab deutlich zu definieren (siehe Abschnitt 2.1.1) und es sind die Eingreifmechanismen und -schwellen zwischen dem Ordnungsdienst und der Polizei eindeutig bezüglich ihrer Form und der notwendigen Kommunikation festzulegen.

### 3.4.1 Störfall, Gefahrenfall und Eingreifschwellen

Es bietet sich folgende Rangfolge der Störintensität als Beschreibung der Einsatzbedingungen an:

**A) Normalbetrieb - die organisatorischen Voraussetzungen und Bedingungen werden überwacht. Kleine, lokale Störungen werden durch den Ordnungsdienst behoben.**
*Koordination*: Durch den Sicherheitsbeauftragten und den Leiter des Ordnungsdienstes sowie dessen Abschnittsleiter.
*Information*: An den *Technischen Leiter* nach (M)VStättV. Polizei und Feuerwehr werden je nach Entwicklungstendenz der Störung informiert.

**B) Kleinere, örtlich begrenzte *Störfälle* - Behebung durch das betriebseigene Ordnungspersonal.**
*Koordination*: Durch den Sicherheitsbeauftragten und den Leiter des Ordnungsdienstes sowie dessen Abschnittsleiter und den *Technischen Leiter* nach (M)VStättV.
*Information*: Polizei und Feuerwehr werden ständig informiert.

Unmittelbare Kommunikation zwischen der Betreiberseite und der Polizei/Feuerwehr.
*Zusätzliche Maßnahmen*: Bereitstellung und Heranführen von zusätzlichen Ordnungskräften aus der Eingreifreserve.
*Grenze zur Voll- oder Teilevakuierung*: Gleitender Übergang je nach Gefährdungslage
und -entwicklung bis zur vollständigen Übernahme der Maßnahmensteuerung durch
die Polizei.

**C) Notfälle - darüber hinausgehende Gefahrenlagen (*Gefahrenfall*), die mit den Mitteln
des Betreibers nicht mehr zu beherrschen sind.**
*Koordination*: Einsatzleitung von Polizei/Feuerwehr
*Maßnahmen*: Unterstellung des gesamten Personals und aller Ressourcen unter die Polizei oder die Einsatzleitung der Feuerwehr. Die technische Leitung der Sportstätte sowie
der Sicherheitsbeauftragte haben sich der Einsatzleitung zu unterstellen und stehen den
Ordnungsbehörden als Sach- und Ortskundige sowie als Personalführung zur Verfügung.

### 3.4.2 Staatliche Prävention

Die polizeilichen Entscheidungen, Erkenntnismethoden und Maßnahmen sind aus
naheliegenden Gründen im Rahmen dieser Betrachtung nicht zu erörtern, und unterliegen niemals dem Einfluss des Vereins, Verbandes oder Veranstalters.
Die Veröffentlichung von polizeilichen Erkenntnissen und Methoden, insbesondere
bezogen auf die Abwehr von Gewalttätern würde diesen ein Ausweichen oder
Umgehen von Maßnahmen ermöglichen. Zusätzlich hat die Polizei den Schutz der
gesamten Bürgerschaft wahrzunehmen. Dabei spielen die Erwägungen eines noch so
großen Vereines nur eine untergeordnete Rolle.

### 3.4.3 Terroristische Gefahren

Die Gefährdung von Menschen und Sachen durch Anschläge mit terroristischem
Hintergrund rücken zum Leidwesen aller Verantwortlichen immer mehr in den Fokus der
Diskussion. Die erforderlichen präventiven Maßnahmen können und sollen jedoch in der
vorliegenden Publikation nicht behandelt werden. Diese Maßnahmen obliegen aus-

schließlich den staatlichen Stellen. Informationen über Strategien und Hintergründe sind der Öffentlichkeit aus nahe liegenden Gründen nicht bekannt zugeben. Die Gefahr solcher Anschläge soll allerdings auf keinen Fall heruntergespielt bzw. ausgeblendet werden. Die Autoren können den Verantwortlichen nur raten, Ordnungsdienst und alle Mitarbeiter zu erhöhter Aufmerksamkeit anzuhalten bzw. eng mit den Sicherheitsbehörden zu kooperieren. Das Sicherheitskonzept zur Fußball-Weltmeisterschaft 2006 gibt dem interessierten Leser zu dem Themengebiet weitere Anhaltspunkte (BMI, 2005 B). Die Vorgehensweisen bei Stör- bzw. Gefahrenfällen und die grundsätzlichen Handlungsschritte haben auch im Fall eines terroristischen Anschlags weiterhin Gültigkeit. Sonderregelungen müssen fallweise (z.B. in Sicherheitsbesprechungen) diskutiert und festgelegt werden.

## 3.5 Gestaltung der organisatorischen Sicherheit

### 3.5.1 Die Sicherheitsbesprechung

Unter Einbeziehung der im Vorfeld geschaffenen baulichen und technischen Voraussetzungen des Umfeldes muss vor jedem Bundesliga- oder internationalen Spiel eine *Sicherheitsbesprechung* zur Beurteilung und Festlegung der aktuellen Situation stattfinden. Dies ist in diesem Fall Regelbestandteil und sollte sinnvollerweise auch auf die unteren Ebenen des Sports bei großen Veranstaltungen übertragen werden. Im Vorfeld von großen Events sind deratige Sicherheitsbesprechungen eine notwendige Selbstverständlichkeit.

An einer solchen Besprechung sollten Vertreter teilnehmen von:

- Polizei,
- (Berufs-) Feuerwehr,
- Bauordnungsamt,
- sonstigen Ordnungsbehörden,
- weiteren Fachbehörden,

- Vertreter des Nahverkehrs,
- entsprechenden Bevollmächtigten und Fachleute des veranstaltenden Vereines/ Verbandes sowie
- Sicherheitsbeauftragte des Vereins bzw. ein Vertreter des Sicherheitsdienstes,
- Fanbetreuer,
- der technische Leiter der Betriebsstätte,
- die Vertreter des Gastvereins.

Bei *Events* zusätzlich:
Der Veranstalter und Betreiber, deren technischer Leiter und ggf. verantwortliche Vertreter der technischen und sonstigen Dienstleister nach Ermessen.
In dieser Sicherheitsbesprechung sollte insbesondere die Sicherheitslage sowohl des Umfeldes als auch des direkten Bereichs der Sport-/ Eventstätte erörtert und notwendige Maßnahmen festgelegt werden. Dabei müssen die Verkehrslenkung und -abwicklung als zentrales Thema fest etabliert sein.

Die Schnittstellen zwischen:

- dem äußeren Sicherheitsbereich mit dem Sicherheitsgaranten Polizei und
- dem inneren Stadionsicherheitsbereich mit dem Sicherheitsgaranten Betreiber und dessen Sicherheitsdienst, sowie
- der Feuerwehr und
- den technischen Fachkräften des Betreibers,
- dem Rettungsdienst und
- dem Sanitätsdienst des Betreibers

sollten als Tagesordnungspunkte diskutiert werden.

Die Erkenntnisse der Fanbetreuer beider beteiligten Vereine spielen für die im Umfeld und im Stadion selbst zu treffenden Maßnahmen eine wesentliche Rolle. Aufgrund der unterschiedlichen Struktur des Besucherverhaltens bei Events sind diese Positionen innerhalb der Sicherheitsorganisation im Regelfall obsolet, können aber im Bedarfsfall zur Erkenntnisgewinnung herangezogen werden, etwa bei sportnahen Ereignissen wie z.B. den sog. *Public Viewings* bei internationalen Turnieren.

### 3.5.2 Kommunikation

Unabdingbar für die Ausführung und Aufrechterhaltung der Organisation der Sicherheitsmaßnahmen im Umfeld ist die sichere und ständige Kommunikation zwischen:

- der Leitung der Sportstätte,
- deren Mitarbeitern vor Ort sowie
- den Behörden.

Dies gilt nicht nur für den Zugangszeitraum, Spiel oder Eventzeit, sondern auch für die Abreise der Besucher, da die Lageentwicklung bei kritischen Gruppen durchaus vom Spielverlauf und Spielausgang abhängen kann.

Im Rahmen einer *Vorfeldkommunikation* können wesentliche Erkenntnisse seitens der Vereinsorganisation (besonders von den Fanbetreuern) den Behörden zur Verfügung gestellt werden. Das ermöglicht auch kurzfristig den Aufbau z.B. der Präsenz von Polizeikräften als wirksame Prävention bei der Abreise. Auch unverzügliche Weitergabe von Erkenntnissen über Störfälle sind hilfreich bei der Gestaltung der Sofortmaßnahmen. Eine detaillierte technische Abstimmung der Kommunikationswege ist unabdingbar. Diese umfasst:

- die Abstimmung der Systeme und der verwendeten Geräte,
- die Abstimmung der bereichsübergreifenden gemeinsamen Kanäle und Frequenzen,
- die Besetzung von Kommunikationsschnittstellen mit dafür speziell beauftragten Personen,

- eine schriftliche Festlegung des Kommunikationsplans mit Namen und Funktionen der Funktionsträger sowie der Rufnummern, Kanäle und ggf. Kennungen,
- die Bekanntgabe dieser Planung bei den beteiligten Mitarbeitern und
- die Einweisung in die Besonderheiten und Abläufe.

Im Eventbereich entsteht höherer Kommunikationsbedarf hinsichtlich der Verkehrslenkung, speziell bei der Abreise. Das gilt sowohl für die Lenkung der individuellen Verkehrsströme als auch der öffentlichen Verkehrsmittel. Soll dies wirkungsvoll sein, so bedarf es der vorbereiteten Alternativplanung mit der Verkehrslenkung der Behörden und den Verkehrsbetrieben.

Zusätzlich spielen die Kommunikation zwischen Eventtechnik und Organisation eine entscheidende Rolle für reibungslose Arbeitsabläufe, sowohl innerhalb der Show als auch bei Auf- und Abbau. Schnittstellen zu allen Beteiligten sollten vorhanden sein, um auch im Störfall entsprechend reagieren zu können.

Der Stadionsprecher als Übermittler der Information im Störfall muss in der Sicherheitsorganisation fest integriert werden. Seine Position ist bedeutsam sowohl in der regulären Spieltagssituation als auch bei der Eventnutzung und ist somit im Störfall mit einzusetzen.

Die Einbindung der Hörfunk- und lokalen Fernsehsender als wirksames Kommunikationsmittel muss ein selbstverständlich in die Organisation mit einbezogen werden. Über die Verkehrsnachrichten der Hörfunkanbieter ergeben sich bei guter etablierter Zusammenarbeit auch kurzfristig wirksame Steuerungsmöglichkeiten für die mit privaten Fahrzeugen Anreisenden. Mit entsprechenden Vorlaufzeiten gilt dies auch für die ortsansässigen Zeitungsverlage, die in ihren Publikationen Anfahrtswege und -pläne sowie Tipps für die An- und Abreise veröffentlichen können.

### 3.5.3 Spieltagsorganisation – Technische Leitung
Aus der Sicht des Sportes ist die Spieltagsorganisation in der vom DFB und z.B. der FIFA vorgesehenen Form das primäre Element für die Durchführung und im Sinne der ver-

antwortlichen Leitung. Dabei handelt es sich allerdings um eine rein privatrechtliche Organisationsstruktur für die Sicherstellung des Spielbetriebes im Sinne der Regeln des Sports, die demnach auch nur in diesem Bereich tragend sein kann.

Die Einrichtung der „Technischen Leitung" mit der Übertragung von Betreiberpflichten ist eine gesetzliche Forderung sowohl aus der Versammlungsstättenverordnung (§ 38 ff, vgl. STARKE, BUSCHHOFF & SCHERER, 2004, S. 138 ff.) als auch als Übertragung von Unternehmerpflichten nach Arbeitsschutzgesetz, Betriebssicherheitsverordnung und den Unfallverhütungsvorschriften.

Diese Regelungen entahlten genaue Vorgaben hinsichtlich der notwendigen persön- lichen und fachlichen Voraussetzungen, die dieser *Delegationsempfänger* erfüllen muss. Da es sich hier um eine gesetzlich vorgeschriebene Leitungsposition handelt, ist der/die *Technische Leiter/in* immer an erster Position in allen sicherheitsrelevanten Fragen und Entscheidungen zu sehen. Somit ist der Technische Leiter der unmittelbare Gesprächs- partner für die Polizei, die Feuerwehr und alle anderen Behörden der Gefahrenabwehr.

### 3.5.4 Technische Organisation – Ablauforganisationsplanung

Da der Gesetzgeber in der jeweiligen Versammlungsstättenverordnung genaue Anfor- derungen an die Qualifikation der zwingend vorgeschriebenen technischen Leitung und deren Kompetenzen aufgestellt hat, haben sich alle anderen Verantwortungsträger sicherheitsrelevanten Anordnungen und Maßnahmen der technischen Leitung unter- zuordnen (STARKE, BUSCHHOFF & SCHERER, 2004, S. 153).

Dabei hat der Technische Leiter seine Maßnahmen nur an den Sicherheitsaspekten (Schutz des Publikums und der Beschäftigten) zu orientieren. Der sportliche Erfolg oder der Ablauf der Show kann und darf notwendige sicherheitstechnische Entscheidungen nicht beeinflussen. Die technische Leitung ist demnach der Koordinationspartner zwi- schen Sportstätten-/Eventbetreiber und den Behörden der Gefahrenabwehr.

Die baurechtlichen Vorschriften, insbesondere die Versammlungsstättenverordnung, verpflichten den Betreiber zur Einstellung des Betriebes, falls:

A) *notwendige Anlagen*, Einrichtungen oder Vorrichtungen **nicht betriebsfähig** sind oder
B) *Betriebsvorschriften* **nicht eingehalten** werden können.

Dabei muss es sich um Anlagen oder Anlagenteile handeln, die für die Sicherheit des Betriebes auch unter den spielbetriebsspezifischen Anforderungen, oder den speziellen Anforderungen des Eventbereiches notwendig sind.
Es ist daher ein technischer Organisationsplan aufzustellen. Er umfasst folgende Punkte:

- Regelmäßige Wartung
- Prüfung der Betriebseinrichtungen vor den jeweiligen Veranstaltungen auf Funktionsfähigkeit
- Sicherstellung der sachgerechten Bedienung aller Einrichtungen und Anlagen durch befähigtes/qualifiziertes Personal
- Organisation der Aufsicht über die sach- und fachgerechte Bedienung während des Spiel-/Eventbetriebes
- Aufstellung und Organisation einer Eingreifreserve materieller und personeller Art sowohl im Bereich Technik als auch im Ordnungsdienst
- Behebung vor oder während des Spielbetriebes aufgetretener Störungen sowohl im Bereich Technik als auch in der Organisation - inkl. Festlegung von Grenzbereichen
- Abstimmung des Ausnahmebetriebes mit den zuständigen Behörden bei Störfällen mit geringem Gefahrenpotenzial, um den Betrieb ausnahmsweise aufrecht erhalten zu können, obwohl Betriebseinrichtungen nicht in vollem Umfange funktionsfähig sind
- Erstellung eines Kataloges an Ersatzmaßnahmen, um den Ausfall bestimmter Betriebseinrichtungen zu kompensieren
- Kontinuierliche Unterhaltung der Spielstätte im Sinne der Anforderungen der Landesbauordnung bzw. der Versammlungsstättenverordnung
- Abgleich der Bedingungen der Sportverbände mit den staatlichen Sicherheitsanforderungen.

# 3.6 Aufgaben und Verantwortlichkeiten

### 3.6.1 Ordnungsdienste

Der Staat ist in der Bundesrepublik Inhaber des Gewaltmonopols. Somit ist die Anwendung von unmittelbarem Zwang gegen Personen und Sachen außer in Notwehrsituationen durch private Personen (z.B. Ordner/Security) oder Dienstleister ausgeschlossen. Zwar hat der Betreiber durch die Erstellung eines Sicherheitskonzepts und Schaffung eines Ordnungsdienstes (§ 43 MVStättV, vgl. STARKE, BUSCHHOFF & SCHERER, 2004, S. 152 ff.) sowie durch Einsetzen eines Sicherheitsbeauftragten (§ 18 der Richtlinie des DFB) die betrieblichen Sicherheitsmaßnahmen zu bewerkstelligen. Die zulässigen Maßnahmen beschränken sich jedoch auf:

- Kontrolle im Ein- und Auslassbereich
- Leitung zu den Besucherblöcken
- Sicherstellung der maximalen Besucherzahlen
- Einhaltung der genehmigten Anordnung der Besucherplätze
- Durchsetzung von Verboten (Rauchen, Feuer, Pyrotechnik)
- Sicherung von Produktionsbereichen bei Events
- Parkplatzmanagement
- Evakuierung
- Sicherheitsdurchsagen

Treten in diesen Aufgabenfeldern Störungen auf, bei denen unmittelbarer Zwang gegen Personen anzuwenden ist, ist dies ausschließlich eine Aufgabe der Polizei.

### 3.6.2 Sanitätsdienste und Rettungsdienst

Sanitätsdienste sind die vom Betreiber einzurichtenden Dienste zur Erstversorgung von Besuchern (nach §§38 und 41 MVStättV und §3 der MbauO) sowie der Beschäftigten (ArbSchGesetz und BetriebssicherheitsVO, Baustellenverordnung) innerhalb der Sport- oder Eventstätte zu.

Sie unterstehen, bis auf den fachlichen Teil, der Weisung des Betreibers. Dieser ist für ihre Bestellung, ihre Größe und Ausstattung verantwortlich.

Die Dimensionierung erfolgt anhand der *Gefährdungsanalyse*.

Die Rettungsdienste sind ein Bestandteil der *kommunalen Pflichtaufgabe Feuerwehr*. Ihre Einrichtung und die Festlegung ihrer Tätigkeiten erfolgen aufgrund der Brandschutz- und Hilfegesetze der Bundesländer.
Sie sind somit Organe der staatlichen Gefahrenabwehr, die sowohl im öffentlichen als auch im nicht öffentlichen (privaten) Bereich unabhängig vom Betreiber eines Stadions oder einer Eventstätte tätig werden. Aufgrund dieser *Gesetze der Gefahrenabwehr* bestimmt und lenkt nur die Einsatzleitung des Rettungsdienstes dessen Aktivitäten. Der Betreiber als private Einrichtung hat keinerlei Einfluss auf die Entscheidungen der Einsatzleitung. Umfang und Art der Verfügungskräfte sind daher Ergebnis von Auswertungen der Erkenntnissen der Sicherheitsbesprechung durch die zuständige Dienststelle, im Regelfall der Einsatzleitung der Feuerwehr.
Die Sanitätsdienste der Betreiber können vom Einsatzleiter des Rettungsdienstes zur Hilfeleistung mit herangezogen werden.

### 3.6.3 Brandschutz
Der vom Betreiber zu gewährleistende Brandschutz (*betrieblicher Brandschutz*) beschränkt sich auf

- Errichtung der Betriebsstätte nach den technischen Regeln des *vorbeugenden Brandschutzes*,
- Aufrechterhaltung des notwendigen technischen Zustandes,
- Erstellung von Brandschutzordnungen,
- Einsatz von Brandschutzbeauftragen,
- notwendige Einweisungen und Übungen insbesondere mit dem Personal und
- Anforderung von Feuersicherheitswachen.

Vorbeugender und abwehrender Brandschutz sind originär Aufgaben der Kommunen, die gesetzlich verpflichtet sind, Feuerwehren im notwendigen Umfang einzurichten und zu unterhalten. Dazu gehören im vorbeugenden Bereich u. a. die Prüfung von Baugesuchen, die amtlichen *Brandschauen* (vgl. Brandschauverordnung, BrSchV) und die Stellung von Feuer- (Brand-) Sicherheitswachen in Versammlungsstätten. Der *abwehrende Brandschutz* umfasst alle Bereiche der Brandbekämpfung und der Rettungs- und Hilfemaßnahmen.

Zur Durchführung der notwendigen Maßnahmen im *Einsatzfall* ist der Einsatzleiter der zuständigen Feuerwehr berechtigt und verpflichtet, alle notwendigen Maßnahmen, die zur Rettung von Personen und Sachen sowie zur Brandbekämpfung nötig sind, anzuordnen und durchzusetzen.

## 3.7 Einsatzfälle von Feuerwehr und Rettungsdienst

Die vorstehend dargestellten Abläufe gelten genauso für die Störfälle und Gefahrensituationen, die sich durch technische oder andere Einflüsse entwickeln. Hier ist dann die Einsatzleitung der Feuerwehr federführend.

Daher kommt die Forderung sowohl aus dem Baurecht als auch aus den Regeln des Sports, Einsatzleitzentralen für diese Behörden bereits bei der Baugestaltung von Sportstätten vorzusehen, um im Notfall ein funktionierendes Krisenmanagement zur Verfügung zu haben. Für Versammlungsstätten gilt dies analog (vgl. STARKE, BUSCHHOFF & SCHERER, 2004, S. 100 f.).

Für Sport und Event gelten dieselben Problemlagen und Arbeitsweisen in der Prävention und Gefahrenabwehr. Unterschiedlich sind hier, wie schon vorab beschrieben, verschiedene Gefahrenpotenziale, insbesondere im Publikumsbereich bzw. durch technische Einbauten.

## 3.8 Der Baukörper des Stadions und die direkte Stadionumgebung

Die Grundlagen für die Gestaltung der Sicherheitsorganisation auf dem Areal und im Bauwerk, einschließlich der Beurteilung von Störfällen sind von der Methodik her die gleichen wie bei der Organisation der Sicherheit im Umfeld und in den Übergangszonen zum Stadion hin.

Der wesentliche Unterschied, und dieser ist von grundlegender Bedeutung, ist, dass die gesamte Verantwortung beim Betreiber liegt und diese *Betreiberverantwortung* auch bei der Delegation an den Veranstalter – in welcher Form auch immer –, originär bei Betreiber verbleibt (§ 38 (5) MVStättV, vgl. STARKE et al., S. 138 ff.).

Erst ab der Stufe des Notfalles (*Gefahrenfall*, vgl. Abschnitt 3.3.1) übernehmen hier die Polizei und Feuerwehr die Leitung. Allerdings hat sich der Betreiber danach dafür zu rechtfertigen, dass er mit seiner Organisation den Störfall nicht beherrscht hat.

### 3.8.1 Bautechnische Sicherheit

Diese wird nach den zugrundezulegenden Bauordnungen und Versammlungsstättenverordnungen über drei Bereiche definiert und gewährleistet:

A) Das **Bauwerk** in seiner anhand der Baugenehmigung errichteten Form und Ausführung, den den genehmigten Bestuhlungs- und Rettungswegplänen.

B) Der **Betreiberverpflichtung** zur Instandhaltung und Wartung.

C) Den **Betriebsvorschriften** über:
- Leitung und Aufsicht
- Zulässige Verfahren
- Organisation von Sicherheit, Brandschutz und Sanitätswesen
- Bedingungen des Arbeitsschutzrechtes als Baunebenrecht

### 3.8.2 Betriebssicherheit des Bauwerks - Instandhaltung und Wartung

Sowohl die Allgemeinverpflichtung des § 3 der MBauO als auch das Arbeitsschutzgesetz, die Betriebssicherheitsverordnung sowie die Unfallverhütungsvorschriften verpflichten den Betreiber zur Aufrechterhaltung eines sicheren Zustandes seiner Bauwerke und Betriebsanlagen.

Die notwendigen Wartungsintervalle ergeben sich aus:

- Bedienungs- und Betriebsanleitungen,
- Konformitätserklärungen von betriebsfertig gelieferten Geräten,
- Übergabe- und Abnahmeprotokollen der Errichter von vor Ort fertig gestellten Anlagen,
- Gutachten und Expertisen der die Anlagen konzipierenden und freigebenden Sachverständigen,
- den in der Landesbauordnung, der Versammlungsstättenverordnung sowie in baurechtlichen Prüfverordnungen vorgeschriebenen wiederkehrenden Prüfungen,
- Bedingungen der Baugenehmigung,
- dem Arbeitsschutzgesetz und der Betriebssicherheitsverordnung und
- den berufsgenossenschaftlichen Vorschriften und Regeln.

Die regelmäßige Wartung und Inspektion der Anlagen sowie deren Dokumentation dient der Früherkennung und Frühbehebung von sich anbahnenden technischen Betriebsstörungen. Mit der Festlegung, Durchführung und Dokumentation in diesem Bereich ergibt sich ein gutes Instrument, soweit wie möglich nie von Störfällen überrascht zu werden – insbesondere nicht von Störungen, die den Spiel- oder Veranstaltungsbetrieb gefährden.

Instandhaltung und Wartung sind Betreiberpflichten, die eine Bedingung für den Betrieb der Sport- oder Eventstätte darstellt. Eindeutig ist dies gefordert in:

§ 3 der Musterbauordnung MBO - Allgemeine Anforderungen
(1) Anlagen sind so anzuordnen, zu errichten, zu ändern und instand zu halten, dass die öffentliche Sicherheit und Ordnung, insbesondere Leben, Gesundheit und die natürlichen Lebensgrundlagen, nicht gefährdet werden.

Dies setzt einen kontinuierlichen planmäßigen Wartungszyklus voraus. Hierzu ist eine ausreichend dimensionierte technische Organisation zu schaffen. Höchste Priorität haben die Kontrolle der Anlagenbestandteile und die Schadensbehebung nach Veranstaltungen. Mindestens genauso wichtig ist jedoch die Früherkennung von sich anbahnenden Schäden an Einrichtungen und Geräten mit dem Ziel, rechtzeitig vorzubeugen oder Interimsmaßnahmen einzuleiten, um den Betrieb sicher durchführen zu können.

In einigen Bundesländern haben die Landesregierungen Prüfverordnungen für Versammlungsstätten erlassen. Deren Vorgaben sind natürlich dort bindend.

Ist dies nicht geschehen, hat der Betreiber diese Prüf- und Wartungsintervalle eigenverantwortlich und in sinnvoller Weise festzulegen.

### 3.8.3 Sachgerechte Bedienung durch befähigtes und qualifiziertes Personal

Voraussetzung dafür ist die *korrekte Auswahl* des für den jeweiligen Bereich befähigten Personals. Nach der Versammlungsstättenverordnung erfolgt die Auswahl ausschließlich nach der Anzahl der Besucher und im Eventbereich nach der Größe der Szenenfläche.

Dieses Schema (*kleine* Veranstaltung = ungefährlich; *große* Veranstaltung = gefährlich) entspricht nicht der realen Gefährdungslage, da – insbesondere bezogen auf die Eventtechnik – die Gefahrenlage im Wesentlichen vom Energiepotenzial, der Art der Inszenierung, den Effekten usw. abhängig ist. Da außer den Schutzansprüchen des Baurechtes auch die Arbeitssicherheit zu garantieren ist, muss für die Auswahl des befähigten Personals die folgende Methode angewandt werden:

A) Gefährdungsanalyse >

B) Auswahl des Arbeitsverfahrens >

C) anhand dessen: Auswahl der befähigten Personen.

Aus den Ergebnissen der Gefährdungsanalyse in Verbindung mit den baurechtlichen Anforderungen und den Vorgaben der Sportverbände sind die Mindestqualifikationen des Leitungspersonals festzulegen, ihre Kompetenzen und Wirkungsbereiche abzugrenzen. Die Ergebnisse sind in der Form des *Organisationsdiagramms* schriftlich zu fixieren und im Betriebsbereich bekannt zu machen. Den Führungskräften sind die *Unternehmerpflichten* für ihren Bereich zu übertragen.

### 3.8.4 Prüfung der Betriebseinrichtungen auf Funktionsfähigkeit

*Feste Anlagenbestandteile und -einrichtungen:* Bei der Prüfung der festen Installationen und Betriebseinrichtungen einer Sportstätte handelt es sich um die als Routine vorzusehende Betreiberpflicht nach Bauordnung, um der Fürsorgepflicht genüge zu tun. Es ergibt sich dadurch die Möglichkeit, vor Aufnahme des Betriebes auftretende Störfälle durch Reparatur oder durch Ersatzmaßnahmen aufzufangen.

*Temporäre, variable Anlagenbestandteile und -Einrichtungen:* Der Gesetzgeber verlangt im § 10 der Betriebssicherheitsverordnung (BetrSichV) für Arbeitsmittel, deren Betriebssicherheit von der richtigen Montage abhängig ist, eine Prüfung derselben vor jeder Inbetriebnahme nach der Montage.

Die Installationen in der Eventtechnologie sind immer Arbeitsmittel, deren Betriebssicherheit von der ordnungsgemäßen Montage abhängt. Beispielsweise ist die Standfestigkeit eines Beleuchtungsriggs nur dann gewährleistet, wenn alle seine Elemente wirklich korrekt montiert worden sind.

Daher besteht bei derartigen Events immer die Verpflichtung zu dieser Prüfung nach § 10 BetrSichV.

**Die Ergebnisse der Prüfung müssen dokumentiert und den Aufsichtsbehörden auf Verlangen vorgelegt werden (§ 11 BetrSichV).**

Dies gilt auch für temporäre Einrichtungen im Vorfeld einer Sportveranstaltung, wie z.B. Werbeanlagen mit Hüpfburgen, Mobilbühnen usw.

## 3.9 Behebung von Störungen vor oder während des laufenden Betriebs

Da der Ausfall von sicherheitsrelevanten technischen Einrichtungen oder zwingend vorgeschriebenen Organisationseinheiten unmittelbar dazu führt, dass entweder die Veranstaltung nicht begonnen werden darf oder abgebrochen werden muss, ist es nötig, für diese sensiblen Bereiche Störfallszenarien mit Ersatzmaßnahmen zu erarbeiten und zusammen mit den Behörden der Gefahrenabwehr die zu tolerierenden Grenzen dafür festzulegen.

Beispiel:
Der Ausfall der kompletten Flutlichtanlage (Spielfeldbeleuchtung) bei einem Spiel des DFB-Pokals in Braunschweig 2005 bescherte der Presse am nächsten Tag zwar eine spannende Schlagzeile, war aber aufgrund der Sicherheitsanforderungen durchaus als grenzwertig zu bezeichnen. Im Panikfall hätte der Innenraum nicht zur Entfluchtung genutzt werden können, da dort keinerlei Beleuchtung in Betrieb war und somit die Gefahr einer unkontrollierbaren Situation sehr groß gewesen wäre.
Im Fall der Braunschweiger Havarie wurde nach einem erfolglosen und später erfolgreichen Reparaturversuch das Spiel schließlich nach erheblicher Verzögerung fortgesetzt. Die Verantwortlichen haben sich nicht für einen Abbruch des Spiels entschieden, vermutlich um einer Eskalation durch wütende Fans vorzubeugen.

Im Notfallszenario kommt es insbesondere auf die Beurteilung technischer Anlagen und ihre Funktion an, wenn sie für das Publikumsmanagement, also die Publikumssicherheit, wichtig sind.

Das sind im *Sportbetrieb* insbesondere:

- Rettungswegsysteme und ihre Beleuchtung/ Kennzeichnung
- Publikumsleitsysteme - z.B. Lautsprecheranlagen

- Brandmelde- und Löschanlagen
- Einsatzzentralen
- Sanitäts- und Hilfsstationen
- Sanitäreinrichtungen

Im *Eventbetrieb* kommen dann noch hinzu:

- Standfestigkeit der Bühnenanlagen, Szenenfläche, Regiestände, Türme für Licht und Ton (wesentlicher Faktor Wetter)
- Standfestigkeit von temporären Nebeneinrichtungen (Sanitätszelte, Crewzelte und -Container)
- Temporäre Panikbeleuchtungen
- Funktion von Energieanlagen, Stromerzeugern, Transformatorstationen usw.
- Standfestigkeit und Position von Absperrungen und Abschrankungen
- Betriebssicherheit von temporären Bestuhlungen
- Sicherheit von Nebeneinrichtungen wie z.B. Verkaufs- und Gastronomieständen.

Es ist dabei wichtig, die Schadens- oder Störfallgröße möglichst in der Entstehungssituation zu erkennen und auf ein Mindestmaß mittels eigener Kräfte zu begrenzen. Kann die Störung nicht mehr mit eigenen Mitteln und Kräften beherrscht werden, ordnet die Polizei bzw. die Feuerwehr die aus ihrer Sicht nötigen Maßnahmen an und führt diese durch. Dabei werden die Belange des Betreibers als nachrangig eingestuft und in keiner Form berücksichtigt.

Die Maßnahmen der *Feuerwehr* haben immer nur eine entscheidende Richtung: den Schutz der in der Versammlungsstätte befindlichen Personen vor Gefahren oder die Rettung aus einer bestehenden Gefahr. Die Maßnahmen und Kompetenzen der Feuerwehr sind in den Feuerwehr- und Brandschutzgesetzen festgeschrieben. Dabei hat der Einsatzleiter alle Maßnahmen, die ihm zum Erreichen dieses Zieles notwendig erscheinen, anzuordnen und durchzusetzen.

Die *polizeilichen* Maßnahmen und Kompetenzen gründen sich auf die Gefahrenabwehrgesetze der Länder. In diesen steht der Schutz der Grundrechte des Einzelnen vor Gefahren, die ihm von anderen Personen oder vom Betrieb von Anlagen drohen, im Vordergrund. Die leitenden Beamten sind dabei nur dem gesetzlichen Auftrag verpflichtet und haben ihre Maßnahmen nur gegenüber ihrer vorgesetzten Dienststelle zu begründen und zu verantworten.

Bei der Auswahl der Mittel, die zur Abwehr einer solchen Gefahr angewandt werden, haben die Leiter der Einsätze einen weiten Ermessensspielraum. Betreiberinteressen, wie beispielsweise die Weiterführung eines Spiels oder die Fortsetzung eines Konzerts, spielen bei bestehender Lebensgefahr für in der Versammlungsstätte befindliche Personen für die Polizei oder Feuerwehr verständlicherweise keine Rolle.

### 3.9.1 Klassifizierung von Schäden

Um die Bekämpfung von Störfällen zu ermöglichen bzw. Schadenslagen sicher zu beherrschen und nicht bis in die Extremsituation, also Übernahme der Situation durch die Ordnungsbehörden, eskalieren zu lassen, sind die folgenden Maßnahmen und Szenarien zu planen und zu strukturieren.

Bei Ausfall oder Störung von Teilen der in der Bau- oder Betriebsgenehmigung vorgeschriebenen Anlagen im Vorfeld der Veranstaltungen sind als erstes alle nötigen Maßnahmen zur *Behebung des Schadens* zu veranlassen.

Das bedingt jedoch die konsequente Durchführung der Routineprüfungen und die fachliche Einschätzung der Schadenslage durch die Leiter der Gewerke. Dabei sind immer folgende Abgrenzungen durchzuführen:

A) Schadensgröße mit der Wertung *lokal, klein*:
mit eigenen Kräften sofort und kurzfristig behebbar.

B) Schadensgröße mit der Wertung *lokal, größer*:
Mit eigenen Kräften nur bedingt rechtzeitig behebbar, externe Dienstleistung nötig, Sondermaßnahmen nötig.

C) Schadensgröße mit der Wertung *umfassend, groß,*
*Schaden wirkt auf die Gesamtanlage oder wesentliche Teile:*
Mit eigenen Kräften und externer Hilfe nicht rechtzeitig behebbar. Der Veranstaltungsbeginn ist in Frage gestellt, oder der Abbruch der Veranstaltung ist möglich.

**Alle Störfallstufen müssen sofort der mit technischen Leitung kommuniziert werden.**

Spätestens ab Stufe B) sind die Behörden in Kenntnis zu setzen, und es sind die Maßnahmen mit ihnen zu besprechen.
In der *Sicherheitsbesprechung* sind absehbare Störungen und Sondersituationen zu erörtern, Lösungsmöglichkeiten vorzuschlagen und abzustimmen.

**3.9.2 Aufstellung und Organisation einer Eingreifreserve**
Wie bereits ausgeführt, sollten in den relevanten Gewerkebereichen *Ordnungsdienst,*
*Sanitätsdienst* und *technische Dienste* materielle und personelle Eingreifreserven vorgehalten werden.
Im Bereich des Ordnungsdienstes ist die Beherrschung von Störungen nur möglich, wenn dem Leiter des Ordnungsdienstes eine taktische Reserve in ausreichendem Umfang zur Verfügung steht, da das sonst im Störfall notwendige Abziehen des Personals von einzelnen oder mehreren Positionen eine labile Situation destabilisiert.
Dies führt unter ungünstigen Umständen zu weiterer Eskalation von Gewalt. Ebenfalls ist Verfügungspersonal bei der Bewältigung von Unfallsituationen notwendig, um die Publikumsbetreuung und ggf. -leitung an anderen Stellen nicht zu behindern.
Dies gilt sinngemäß für den Technikbereich sowohl bei Sportveranstaltungen als auch bei Events. Bei beiden Veranstaltungsarten muss auch bei den Technikern eine ausreichende personelle Reserve für den Notfall gesichert sein.

Dies heißt nicht, dass alle Hauptpositionen redundant besetzt sein müssen. Im Führungsbereich müssen jedoch die Vertretungen für den Notfall vorab deutlich geregelt, festgelegt und über den Organisationsplan bekannt gemacht werden.

Möglich ist z.B. auch die Sicherstellung von schneller Unterstützung bei Technikproblemen durch externe Spezialisten und Dienstleister. Dies lässt sich über entsprechende Vereinbarung mit derartigen Personen und Unternehmen vorab qualifiziert regeln.

Um überhaupt in der Lage zu sein, technische Störungen in der notwendigen Kürze der Zeit beheben zu können, bedarf es einer angemessenen Ersatzteilreserve.
Dabei sind Verbrauchsmittel noch das geringste Problem, da für diese technischen Arbeitsmittel immer seitens der Hersteller Betriebszeiträume angegeben werden. Anhand der Laufzeiten der Geräte in Verbindung mit den Routineprüfungen lassen sich hier zu erwartende, Lebenszeit bedingte Ausfälle kalkulieren.
Dies trifft z.B. auf Leuchtmittel immer zu, auch Standzeiten von Filtern in Lüftungs- und Wasseranlagen sind bekannte Größen. Verbrauch und Bedarf an Hilfsmitteln im Bereich Desinfektion und Wasseraufbereitung sind bekannt und können der Bevorratung zu Grunde gelegt werden.
Für die Elektroanlagen sind Grundvorräte z.B. an Ersatzsicherungen, Leistungsschaltern, Leuchtmitteln und Steckverbindungen ein Minimum an Vorsorge.

Diesen Reservebedarf zu ermitteln, Vorräte zu beschaffen und zu erhalten, ist eine Organisationsaufgabe oberster Priorität, die von der Führungsebene gestaltet werden muss.

4    Betriebssicherheit

## 4.1 Vorbemerkungen zur Betriebssicherheit

Die Garantie für die Sicherheit der Besucher ist die erste Pflicht des Betreibers einer Versammlungsstätte. Daher muss der Bauherr (= Betreiber) das Bauwerk, wie bereits an anderer Stelle ausgeführt, entsprechend den gesetzlichen Regelungen anhand der Baugenehmigung errichten und betreiben. Die Anlage selbst muss in ihren Dimensionen und technischen Details im Vorfeld auf die Besuchersicherheit hin konstruiert und errichtet werden. Das hat zur Folge, dass der Betreiber im alltäglichen Betrieb lediglich die Instandhaltung und Pflege wahrnimmt. In diesem Segment ist mit wenig Veränderungen zu rechnen: die Abnutzungen eines Gebäudes sind vorhersehbar und kalkulierbar. Somit lässt sich der notwendige Aufwand sowohl vom Umfang als auch vom Zeitpunkt her planen (vgl. auch Abschnitt 3.9).

Die Bedingungen für einen sicheren Betrieb im Bereich der Zuschauer unterliegen viel mehr Variablen als die der technischen Bereiche. Insbesondere spielen
- das Verhalten der Zuschauer,
- die Besucherzahl,
- die Anwesenheit von echten VIPs und
- die Art der Veranstaltung eine entscheidende Rolle.

Diese Faktoren bestimmen das Risiko, das eine Veranstaltung, egal ob Sport oder Event, für die Versammlungsstätte bedeutet.
Die Grundparameter für die Gestaltung des sicheren Betriebes resultieren aus den baulichen Gegebenheiten:

- Anzahl und Lage der Eingänge
- Anzahl und Führung der Wege zu den Zuschauerbereichen
- Größe und Erschließung der Zuschauerbereiche (Zugänge, Blöcke, Rettungswege)
- Innenraumsituation

Anhand dieser Eckdaten ergeben sich z.b. für die Besetzung der Positionen mit Ordnern oder Sanitätskräften grobe Anhaltspunkte. Diese beziehen sich jedoch lediglich auf die Gebäudekonstanten, ohne dass der wirklichen Risikosituation Rechnung getragen wird.

Dies hat zur Folge, dass bei einer hohen Risikolage unter Umständen zu wenig Sicherheitskräfte zur Verfügung stehen oder bei einer sehr geringen Risikosituation der Personalbestand unnötig groß ist. Im ersteren Fall ist die Sicherheit im *Störfall* nicht zu gewährleisten, im zweiten Fall entstehen vermeidbare Kosten.

Nachfolgend wird eine **Risikoanalyse** (Beurteilungsmethode) für die Risikolage und die Ableitung der notwendigen Maßnahmen dargestellt. Diese ermöglicht den Entscheidungsträgern, anhand eines nachvollziehbaren Verfahrens, strukturierte und belastungsfähige Entscheidungen für den Einsatz und die Projektierung von Sanitäts- und Sicherheitskräften zu treffen. Anhand einer solchen Analyse kann die zu erwartende Lage beurteilt werden, abweichende Gefahrenlagen erkannt und Maßnahmen entsprechend angepasst werden. Diese Risikoanalyse ergibt einen *Risikofaktor* für die betroffene Sportveranstaltung oder den betrachteten Event. Somit lassen sich die Abweichungen in der Lagebeurteilung objektivieren, werden vergleichbar und die Sicherheitsmaßnahmen können anhand des aktuellen Risikofaktors geplant werden.

Dabei sind folgende Bereiche deutlich zu unterscheiden:

- **Gefahrenlage Publikum**
- **Gefahrenlage Beschäftigte**

## 4.2 Gefahrenlage Publikum

**Sportveranstaltungen**

Grundsätzlich sind bei Sportveranstaltungen die wesentlichen Parameter schon in der Bau- und Betriebsgenehmigung erfasst, und es liegen Ausgangswerte für die Bemessung von Rettungs- und Sanitäts- sowie Ordnungsdiensten vor. Die Unfallhilfsstellen sind eingerichtet und in Betrieb und die Einsatzleitzentrale ist als Betriebsbedingung etabliert.

**Event/ Sonderveranstaltungen (z.B. Turniere)**

Hier handelt es sich immer um Einzelsituationen mit individuell verschiedenen Sicherheitsanforderungen. Zwar stehen die vorhandenen Einrichtungen, wie z.B. die Einsatzleitzentrale, im Regelfall in Sportstätten (hier: Stadien) zur Verfügung, jedoch sind die gesamten Bedingungen des Event- und Turnierbetriebes anders strukturiert als der Standardspielbetrieb. Daher ist die spezielle Situation immer per Risikoanalyse zu untersuchen, um die entsprechenden Vorbereitungen treffen zu können. Diese gliedern sich in die Bereiche:

- Rettungs- und sanitätsdienstliche Versorgung
- Zentrale und dezentrale Unfallhilfsstellen
- Notärztlicher Dienst
- Krankentransport
- Kommunikationswege
- Logistik
- Ordnerdienste und deren Einsatzbedingungen
- Versorgungs- und Betreuungsbereiche (dabei handelt es sich um Zonen z. B. zur Betreuung von Kindern und Jugendlichen bei speziellen Events, oder allgemein von größeren Personenzahlen, wie z. B. nach der Evakuierung oder Rettung aus großen Gefahrenlagen)

Die von einer Großveranstaltung ausgehende Risiken werden von folgenden Faktoren primär beeinflusst:

- zulässige und tatsächliche Besucherzahl
- Veranstaltung in geschlossenen Räumen oder im Freien
- Gefahrenneigung nach Art der Veranstaltung
- Beteiligung prominenter Persönlichkeiten mit Sicherheitsstufe (VIPs)
- Berücksichtigung polizeilicher Erkenntnisse, hier insbesondere das zu erwartende Gewaltpotenzial des Publikums

Die nach diesen Kriterien ermittelten Risiken werden, basierend auf dem System nach MAURER (1995), mit einem Punktesystem bewertet. So wird für jede Veranstaltung und jeden Ort ein individuelles Risiko berechnet. Dabei wird berücksichtigt, dass die einzelnen Parameter in einer dem jeweiligen Risiko entsprechenden Relation zueinander stehen. Auf diese Weise können Faktoren wechselseitig bewertet werden, was sich in einer unterschiedlichen Punktzahl ausdrückt. Die so ermittelten Punkte werden der anschließenden Berechnung zugrunde gelegt.

### 4.2.1 Risikoanalyse

Die hier vorgestellte Risikoanalyse führt schrittweise zum Ziel. In fünf Bearbeitungsschritten werden die potenziellen Risiken einer Veranstaltung anhand von empirischen Werten und der jeweiligen Lage eingeschätzt. Im Folgenden werden die Einzelschritte mit ihren jeweiligen Faktoren erläutert. Abschließend werden Beispiele und mögliche Interpretationen der Ergebnisse dargestellt.

Zunächst erfolgt eine Festlegung, ob die Veranstaltung im Freien oder in geschlossenen Räumen stattfinden soll. Abhängig davon wird Schritt 1.I (im Freien) **oder** Schritt 1.II (Innenräume) ausgeführt. Hierbei ist zu beachten, dass Innenräume in Stadien im Regelfall als geschlossene Räume (Schritt 1.II) betrachtet werden.

**Schritt 1.I - Ausgangswert [AW] bei Veranstaltungen im Freien**

Die Bestimmung des so genannten Ausgangswertes [AW] erfolgt anhand der zulässigen Besucherzahl für Veranstaltungen im Freien.

Vgl. hierzu § 1 MVStättV 2002:

(1) Die Vorschriften dieser Verordnung gelten für den Bau und Betrieb von [...]

2. Versammlungsstätten im Freien mit Szenenflächen, deren Besucherbereich mehr als 1.000 Besucher fasst und ganz oder teilweise aus baulichen Anlagen besteht;

3. Sportstadien, die mehr als 5.000 Besucher fassen.

In diesem ersten Schritt wird somit das von der baulichen Seite ausgehende Risiko als Ausgangsgröße berücksichtigt. Basis hierfür sind die im Bestuhlungsplan manifestierten Größen:

- zulässige Besucheranzahl nach Baugenehmigung,
- Art der Bestuhlung,
- Anzahl der Stehplätze und
- die genehmigte Art, Position und Anzahl von Sitz- oder Stehplätzen.

| Bis | 500 Besucher | 1 Punkt |
|-----|--------------|---------|
| Bis | 1.000 Besucher | 2 Punkte |
| Bis | 1.500 Besucher | 3 Punkte |
| Bis | 3.000 Besucher | 4 Punkte |
| Bis | 6.000 Besucher | 5 Punkte |
| Bis | 10.000 Besucher | 6 Punkte |
| Bis | 20.000 Besucher | 7 Punkte |
| Für weitere 10.000 Personen wird dem Ausgangswert [AW] jeweils 1 Punkt hinzuaddiert | | |

*Tabelle 4.1 - Bestimmung des Ausgangswertes [AW] anhand der zulässigen Besucherzahl für Veranstaltungen im Freien*

Zur Bewertung werden die in Tabelle 4.1 festgelegten Punkte ermittelt und als Ausgangswert für die weiteren Berechnungen festgehalten. Diese Berechnung repräsentiert die maximal geplante Auslastung des Bauwerks, für die u.a. die Rettungswege ausgelegt sind. Dazu werden die realen Verhältnisse im Weiteren in Bezug gesetzt.

Beispiel:
Bei einem Stadion mit 19.500 Besucherplätzen ergibt sich ein
Ausgangswert [AW] von **7 Punkten**.

**Schritt 1.II - Ausgangswert [AW$_i$] bei Veranstaltungen in geschlossenen Räumen**
Bei Veranstaltungen in geschlossenen Räumen wird der Ausgangswert [AW] verdoppelt und erhält den Index „i", [AW$_i$]. Dabei ist zu beachten, dass Innenräume in Stadien wegen der komplexen Rettungswegsituation im Regelfall wie geschlossene Räume einzustufen sind.

**Innenraumwert [AW$_i$] = [AW] x 2**

Beispiel:
Der Innenraum eines Stadions fasst 19.500 Besucher, die Ränge werden nicht bespielt.
[AW$_i$] = 7 [AW] x 2 [$_i$]
[AW$_i$] = **14**

Bei Mischformen (z.B. Innenraum und Ränge) werden [AW] und [AW$_i$] ermittelt und addiert.

### Schritt 2 - Tatsächliche Besucherzahl [BZ]

Mit Schritt 2 wird das von den anwesenden Besuchern ausgehende Risiko berücksichtigt, indem die tatsächliche Besucherzahl zu Grunde gelegt wird. Dabei wird der Faktor n ( = 1 oder = 2) angelegt. Anhaltspunkte für die Bemessung des Faktors gibt die Musterversammlungsstättenverordnung (STARKE, BUSCHHOFF & SCHERER, 2004, S. 2):

- für Sitzplätze an Tischen:
  n = 1 Besucher je $m^2$ Grundfläche des Versammlungsraumes,

- für Sitzplätze in Reihen und für Stehplätze:
  n = 2 Besucher je $m^2$ Grundfläche des Versammlungsraumes,

- für Stehplätze auf Stufenreihen:
  n = 2 Besucher je laufendem Meter Stufenreihe,

- bei Ausstellungsräumen:
  n = 1 Besucher je $m^2$ Grundfläche des Versammlungsraumes.

Mit einem Punkt je **500 Besucher** wird der Faktor für die tatsächliche *Besucherzahl* [BZ] berechnet:

**Punkte [BZ] = Grundfläche in $m^2$ x n Besucher/$m^2$ : 500 Punkte/Personen**

Beispiel:

Auf Tribünen (Sitzplätze in Reihen und Stehplätze) sind durch TV-Einbauten insgesamt noch 8.000 m2 frei.

Daraus ergibt sich:

[BZ] = 8.000 $m^2$ zugängl. Fläche x 2 Personen/$m^2$ : 500 Punkte/Personen

[BZ] = **32 Punkte**

**Schritt 3 - Ermittlung des Multiplikators Risikofaktor [RF] anhand des durch die Veranstaltungsart bedingten Gefahrenpotenzials**

Der Bewertungsfaktor (aus Gründen der Übersichtlichkeit im Folgenden *Risikofaktor*) basiert auf empirischen Arbeiten (etwa MAURER, 1995) und wurde von den Verfassern aufgrund von Beobachtungen und Erfahrungswerten ergänzt und weiterentwickelt. Beispiele lassen sich der Tabelle 4.2 entnehmen. Die Werte bieten eine praktische Grundlage für die Risikoeinschätzung, denn sie beruhen auf der Analyse von inzwischen mehr als 100 Großveranstaltungen. Lokale Verhältnisse und sich ändernde soziale Gegebenheiten in Verbindung mit Erfahrungswerten machen die Korrektur der Bewertungsfaktoren im Einzelfall notwendig. Dies kann zum Beispiel bei erfahrungsgemäß gewaltbereitem Publikum nötig sein, darauf wurde bereits eingangs dieser Publikation ausführlich eingegangen. Dieser und weitere besondere Risikofaktoren werden zusätzlich durch eigene Bewertungsfaktoren im folgenden Schritt berücksichtigt.

| Art der Veranstaltung | Risikofaktor [RF] |
| --- | --- |
| Klassikkonzert | 0,2 |
| Oper/Operette | 0,2 |
| Allgemeine Sportveranstaltung | 0,3 |
| Kombi-Veranstaltung Schwerpunkt Sport (Sport-Musik-Show) | 0,35 |
| Feuerwerk | 0,4 |
| Musikveranstaltung (Volksmusik, Schlager) | 0,5 |
| Motorsportveranstaltung | 0,8 |
| Flugschau | 0,9 |
| Fußballspiel | 1,0 |
| Rock-/Popkonzert | 1,0 |

*Tabelle 4.2 Auswahltabelle Risikofaktoren [RF]*

## Schritt 4 - Bewertungsfaktor Basisrisiko [BR]

Die Schritte 1.I, 1.II, 2 und 3 werden als Basisrisiko [BR] zusammengefasst. Dieser „Wert" wird aus der Berechnung

$[BR] = [ ( AW + AW_i + BZ ) \times RF ]$ gewonnen werden. Zum Basisrisiko addieren sich dann je nach Bedarf weitere *besondere* Bewertungsfaktoren, womit sich schlussendlich das Gesamtrisiko ergibt.

## Besondere Bewertungsfaktoren [BW]

In diesem Bearbeitungsschritt werden vier weitere Faktoren berücksichtigt:

I Die Beteiligung echter VIPs,
II die potenzielle Gewaltbereitschaft der Besucher,
III die Tendenz der Besucherschaft, Druck in Richtung Szenenfläche aufzubauen und
IV die Gefahr durch kollabierende Besucher

Die Bedeutung dieser besonderen Bewertungsfaktoren wird in den vier Einzelschritten (4.I bis 4.IV) gesondert erläutert und gewichtet.

## 4.I Echte VIPs - Prominente [BW$_{vip}$]

Sind an der jeweiligen Veranstaltung VIPs, also Personen mit einer Sicherheitseinstufung durch LKA oder BKA beteiligt, so ist dies als weiterer Bewertungsfaktor [BW$_{vip}$] mit einzubeziehen.

## Bewertungsfaktor VIP [BW$_{vip}$] = Pro 5 VIPs + 10 Punkte
## [BW$_{vip}$] = <u>Anzahl der VIPs x 2</u>

<u>Beispiel: Beteiligt sind 15 echte VIPs mit Sicherheitseinstufung</u>

[BWvip] = 15 Personen x 2 Punkte/Personen
[BWvip] = 30 Punkte

## 4.II Gewaltbereitschaft [BW$_{gew}$]

Gewaltbereite Besucher stellen einen der größten Gefahrenfaktoren bei Großveranstaltungen dar. Ergeben sich in der Sicherheitsbesprechung und den Koordinationsgesprächen mit der Polizei Hinweise auf polizeiliche Erkenntnisse in dieser Richtung, ist dieser Bewertungsfaktor in die Berechnung einzubeziehen.

In der Praxis wird folgende A-B-C-Kategorisierung als Arbeitsmittel zur Lageeinschätzung der Polizei eingesetzt (nach PILZ/ZIS, zentrale Informationsstelle Sporteinsätze, 1996):

A: ruhige sportinteressierte Fans/ ruhige Besucher (Faktor: 0)
B: gewaltbereite Fans/ Besucher (Faktor: + 5)
C: Hooligans/ gewalttätige Besucher (Faktor: + 10)

Bewertungsfaktor Gewaltbereitschaft [BW$_{gew}$] je nach Einschätzung der Lage:

**A = 0 (keine Erhöhung des Faktors)**
**B = + 5 Punkte**
**C = + 10 Punkte**

### 4.III Besonderes Fanverhalten/ Andrang zur Szenenfläche [$BW_{and}$]

Die Fans bestimmter Bands neigen z.b. dazu, die Szenenfläche zu erstürmen, um ihren Idolen näher zu kommen, oder Barrikaden zu überklettern, um zum Frontbereich zu gelangen. Wenn dieses aus vorherigen Veranstaltungen bekannt ist oder auch seitens des Tourmanagements dargelegt wird, wird der

Bewertungsfaktor Andrang [$BW_{and}$] je nach Einschätzung

[$BW_{and}$] = + 3 (mit erhöhtem Andrang in Teilen des Publikums ist zu rechnen)
bzw.
[$BW_{and}$] = + 5 (große Teile des Publikums drängen in Richtung Szenenfläche)

eingesetzt.

### 4.IV Besonderes Fanverhalten/ körperlicher Kollaps von Personen im Publikum [$BW_{kol}$]

Bei vielen Bands (z.B. mit sehr jungem Publikum) neigen die Fans im Teenageralter dazu, sich durch Tanzen und Schreien bis zum Kreislaufkollaps zu verausgaben. Dies zieht einen höheren Aufwand an Sicherheitspersonal in der Frontlinie und an den Barrikaden nach sich. Hier wird der

Bewertungsfaktor Kollaps [$BW_{kol}$] je nach Einschätzung

[$BW_{kol}$] = + 2 (mittleres Kollapsrisiko/betrifft einzelnen Besucher)
oder
[$BW_{kol}$] = + 4 (hohes Kollapsrisiko/betrifft viele Besucher)

eingesetzt.

**Schritt 5 - Zusammenfassung - Berechnung des Gesamtrisikos [GR] der jeweiligen Veranstaltung**

Die ermittelten Werte ergeben im nachstehenden Algorithmus eingesetzt den *Gesamtrisikofaktor [GR]*. Mit dessen Hilfe lassen sich die nötigen Sanitäts- und Sicherheitskräfte bestimmen.

$$GR = [ ( AW + AW_i + BZ ) \times RF ] + BW_{vip} + BW_{gew} + BW_{and} + BW_{kol}$$
bzw.
$$GR = [BR] + BW_{vip} + BW_{gew} + BW_{and} + BW_{kol}$$

| Schritt | Abk. | Parameter | Punktwert |
|---|---|---|---|
| 1.I | $AW$ | Maximale Besucherzahl bei Veranstaltungen im Freien | |
| 1.II | $AW_i$ | Maximale Besucherzahl bei Veranstaltungen in geschlossenen Räumen | |
| 2 | $BZ$ | Tatsächliche (oder zu erwartende) Besucherzahl 1 Punkt pro 500 Besucher | |
| 3 | $RF$ | Risikofaktor (Veranstaltungsart abhängig) | |
| 4 | $BR$ | $BR = (AW + AW_i + BZ) \times RF$ | |
| 4.I | $BW_{vip}$ | Anzahl der VIPs x 2 | |
| 4.II | $BW_{gew}$ | Berücksichtigung polizeilicher Erkenntnisse A=0, B=5, C=10 Punkte | |
| 4.III | $BW_{and}$ | 3 Punkte oder 5 Punkte je nach zu erwartendem Andrang in Richung Szenenfläche | |
| 4.IV | $BW_{kol}$ | je nach Kollapsneigung 2 oder 4 Punkte | |
| 5 | $GR$ | Gesamtrisiko $GR = BR + BW_{vip} + BW_{gew} + BW_{and} + BW_{kol}$ | |

*Tabelle 4.3 Zusammenfassung der Berechnungsschritte*

**Interpretation und Verschiebung des Gesamtrisikofaktors: Beispiel**

Analysiert man das gleiche Bauwerk nach dieser Methode mehrfach, so ist evident, dass von Spiel zu Spiel bzw. von Veranstaltung zu Veranstaltung bereits kleine Verschiebungen einzelner Parameter deutlich unterschiedliche Endergebnisse bewirken. Es ergibt sich daraus eine Werteschar mit minimalem Risiko, mittlerem Risiko und Maximalwerten. Setzt man diese Werte in Relation zu den Erfahrungswerten mit der jeweiligen Anlage, so lassen sich vertretbare Minimierungen oder notwendige Steigerungen in der Anzahl der notwendigen Kräfte daraus ableiten.

Im folgenden Beispiel betrachten wir ein Fußballstadion mit einer Kapazität von 45.000 Besuchern (Ligabetrieb); dies entspricht dem Ausgangswert 10. Dort findet ein Fußballspiel statt (keine Zuschauer im Innenraum: $AW_i$ = 0, Risikofaktor RF = 1). In unseren Beispielsituationen eins bis vier halten sich jeweils 40.000 Besucher dort auf (BZ = 80), in den Beispielen fünf und sechs ist das Stadion ausverkauft (45.000 Besucher entspricht BZ = 90). Somit liegen die beiden Werte der Basisrisiken bei 80 bzw. 90 Punkten. Variiert man nun die besonderen Bewertungsfaktoren $BW_{vip}$ und $BW_{gew}$, so ist eine deutliche Verschiebung der Gesamtrisikopunktwerte nach oben deutlich zu erkennen (Tabelle 4.4)

| Situation | AW | $AW_i$ | BZ | RF | $BW_{vip}$ | $BW_{gew}$ | Gesamtrisiko |
|---|---|---|---|---|---|---|---|
| 1 | 10 | 0 | 80 | 1 | 0 | 0 | 90 |
| 2 | 10 | 0 | 80 | 1 | 10 | 10 | 110 |
| 3 | 10 | 0 | 80 | 1 | 10 | 5 | 105 |
| 4 | 10 | 0 | 80 | 1 | 10 | 10 | 110 |
| 5 | 10 | 0 | 90 | 1 | 20 | 0 | 120 |
| 6 | 10 | 0 | 90 | 1 | 30 | 10 | 140 |

*Tabelle 4.4 Berechnung des Gesamtrisikos mit verschiedenen Bewertungsfaktoren*

Noch deutlicher wird die Bandbreite der Risiken, wenn man unterchiedliche Veranstaltungsformen betrachtet. Hierzu folgendes Beispiel (Tabelle 4.5): Das Stadion aus vorangegangenem Beispiel bietet insgesamt 45.000 bzw. 50.000 Besuchern Platz, bei variabler Nutzung des Innenraums. In allen Beispielfällen ist das Haus ausverkauft.

| Situation | Kapazität | davon Innenraum | Besucher | RF | $BW_{vip}$ | $BW_{gew}$ |
|---|---|---|---|---|---|---|
| 1 | 45.000 | 0 | 45.000 | 1 | 0 | 0 |
| 2 | 50.000 | 7.500 | 50.000 | 1 | 0 | 0 |
| 3 | 50.000 | 7.500 | 50.000 | 1 | 2 | 5 |
| 4 | 50.000 | 10.000 | 50.000 | 1 | 0 | 0 |
| 5 *) | 50.000 | 15.000 | 50.000 | 1 | 12 | 0 |
| 6 **) | 50.000 | 10.000 | 50.000 | 0,2 | 4 | 10 |

*) Rock n' Roll Event mit TV Talkrunde
**) Opernfestival (mit Eröffnung durch Minister)

*Tabelle 4.5 Berechnung des Gesamtrisikos bei Eventnutzung (variabler Innenraum)*

| Situation | AW | $AW_i$ | BZ | RF | $BW_{vip}$ | $BW_{gew}$ | GR |
|---|---|---|---|---|---|---|---|
| 1 | 10 | 0 | 90 | 1 | 0 | 0 | 100 |
| 2 | 11 | 21 | 100 | 1 | 0 | 0 | 132 |
| 3 | 11 | 21 | 100 | 1 | 10 | 5 | 147 |
| 4 | 11 | 26 | 100 | 1 | 0 | 0 | 137 |
| 5 *) | 11 | 36 | 100 | 1 | 30 | 0 | 177 |
| 6 **) | 11 | 26 | 100 | 0,2 | 10 | 5 | 42,4 |

*) Rock n' Roll Event mit TV Talkrunde
**) Opernfestival ( mit Eröffnung durch Minister )

*Tabelle 4.6 Ergebnisse der Risikoanalyse für die Ausgangssituation aus Tab. 4.5*

Daraus ergeben sich für dieselbe Anlage Gesamtrisiken mit sehr unterschiedlichen Ausmaßen. Es wird deutlich, dass bei Stadien im Fall der regulären Fußballnutzung die Zuschauerzahl nicht die Variable mit dem größten Einfluss ist. Dies ist verständlich, da das Bauwerk als Grundfaktor sicherheitstechnisch für die maximal zulässige Zuschauerzahl optimiert ist. Kleinere Zahlen als die größtmögliche Besucherzahl können sich jedoch in der Risikoanalyse nur marginal auswirken solange der Zuschauerbereich, und damit der zu kontrollierende Bereich nicht verkleinert wird. Nur dies würde den zu betreuenden Bereich mit verkleinern, und nur dies zöge eine wesentliche Verringerung des Sicherheitspersonals nach sich. Die Faktoren Beteiligung von VIP und Gewaltpotenzial lösen im Verhältnis dazu große Steigerungen aus. Es zeigt sich, dass wegen der komplexen Entfluchtungssituation der Innenraum eine erhebliche Steigerung des Risikopotenzials mit sich bringt (Tabelle 4.6). Ausschlaggebend sind ebenfalls die Nutzungsart (im Beispiel Rock 'n Roll/Oper) und auch hier die Faktoren VIP und Gewaltbereitschaft. (Analog gilt dies für die anderen beiden Faktoren Andrang und Kollapsgefahr, die aus Gründen der Übersichtlichkeit hier unberücksichtigt sind).

### 4.2.2 Interpretation des Gesamtrisikos: Bemessung der sanitäts- und rettungsdienstlichen Betreuung

Dem Punkteergebnis der Analyse (Gesamtrisiko) kann direkt die Bemessung der unterschiedlichen Einsatzmittel, Helfer und Komponenten der Führung zugeordnet werden. Bei einem Punktwert unter 2 ist kein Sanitätswachdienst (SWD) erforderlich, zu allen höheren Risikofaktoren vgl. Tabelle 4.7.

Die durch die beschriebene Risikoanalyse gefundenen Werte sind auf jeden Fall mit den Erfahrungswerten der professionellen Sanitätsdienstleister und der Rettungsdienste abzugleichen und ggf. den örtlichen Gegebenheiten anzupassen.

## Helfer

| Risikofaktor von | bis | Anzahl |
|---|---|---|
| 0,1 | 2,0 | kein SWD erforderlich |
| 2,1 | 4,0 | freiwillig 3 Helfer |
| 4,1 | 13,5 | 5 Helfer |
| 13,6 | 22,0 | 10 Helfer |
| 22,1 | 40,0 | 20 Helfer |
| 40,1 | 60,0 | 30 Helfer |
| 60,1 | 80,0 | 40 Helfer |
| 80,1 | 100,0 | 80 Helfer |
| 100,1 | 120,0 | 120 Helfer |
| Bei größeren Risikofaktoren: + 20 jeweils + 20 Helfer | | |

## Rettungswagen

| Risikofaktor von | bis | Anzahl |
|---|---|---|
| 0,1 | 6,0 | kein RTW (Rettungswagen) |
| 6,1 | 25,5 | 1 RTW |
| 25,6 | 45,5 | 2 RTW |
| 45,6 | 60,5 | 3 RTW |
| 60,6 | 75,5 | 4 RTW |
| 75,6 | 100,0 | 5 RTW |
| ab 100,1 | | 6 RTW |

*Tabelle 4.7 Bemessung der sanitäts- und rettungsdienstlichen Betreuung nach MAURER*

### 4.2.3 Bemessung der Ordnungsdienste bei Sportveranstaltungen

Hier sind derzeit noch keine erprobten und allgemein übertragbaren Tabellenwerke verfügbar. Ausgangsbasis sind die in jedem Stadion vorliegenden Erfahrungswerte. Um die Menge und Ausrüstung der Sicherheitskräfte zu bemessen, sind einige Faktoren zu berücksichtigen, dabei sind unmittelbar zugrunde zu legende Parameter:

- die Anzahl der Zuschauerblöcke mit ihren Eingängen und Wegen zu den Plätzen
- die Länge und Führung der Hauptwege bis zu den Zugängen der Blöcke
- die Eingangssituationen mit den Kontrollstellen und Verteilungsflächen
- die Paniktore zum Spielfeld
- die Spielfeldsituation (Torbereiche usw.)
- Existenz, Gestaltung und Nutzung der Mixedzone
- Funktionsbereiche
- Beteiligung von VIPs
- Park- und Verkehrsräume

Der in der Risikoanalyse eingeführte Gesamtrisikofaktor kann hier ebenfalls als Bemessungsparameter verwendet werden. Dazu sind folgende Überlegungen anzustellen:

Beispiel:
Ein ausverkauftes Stadion mit 45.000 Zuschauerplätzen bei Fußballbetrieb.
Zusätzliche Risikofaktoren liegen nicht vor.

Daraus ergibt sich eine Berechnung des Gesamtrisikos mit einem Wert von 100 (vgl. Tabelle 4.6), wobei dieser Wert (hier 100) wird mit dem erprobten Aufwand an Sicherheitskräften gleichgesetzt.

Ändert sich dieser Wert durch das Hinzukommen von Risikofaktoren, kann man das Gesamtrisiko anhand dieser Änderung in Relation zum Ausgangswert setzen, um so das Ausmaß der nötigen Veränderungen nachvollziehbar zu beschreiben.

Beispiel:

Werden bei einem Turnier im eben beschriebenen ausverkauften Stadion die Eröffnung und Siegerehrung von VIPs vorgenommen und es liegen polizeiliche Erkenntnisse in Richtung Gewaltbereitschaft vor.

Diese Veränderung ergibt folgende Berechnung des Gesamtrisikos:

Grundrisiko 100 Punkte (aus vorangegangenem Beispiel) plus 5 Punkte ($BW_{vip}$) plus 10 Punkte ($BW_{gew}$) entsprechen einem Punktwert von 115.

Im Verhältnis zum Ausgangswert steigern diese Veränderungen das Gesamtrisiko um mindestens 15 %. Durch die zusätzlichen Risikofaktoren *Anwesenheit von VIPs* und *Gewaltbereitschaft auf Seiten des Publikums* lassen sich die Gefahren qualitativ, und durch die Steigerung des Gesamtrisikofaktors quantitativ beschreiben. Somit lassen sich die notwendigen Maßnahmen in beiden Richtungen ableiten, d.h. in diesem Fall eine Aufstockung der Ordnungskräftezahl um mindestens 15 %.

### 4.2.4 Bemessung der Ordnungsdienste bei Events

Hier wird man bei der gleichen Anlage deutlich andere Ergebnisse bei der Berechnung des Gesamtrisikofaktors erhalten. Das liegt insbesondere daran, dass die Innenraumsituation und auch größere Besucherzahlen zu Buche schlagen.

Hinzu kommen im Innenraum noch Schutzaufgaben, die bei Sportnutzung nicht benötigt werden.

Dabei handelt es sich um:

- die Besetzung des Sicherheitsgrabens vor der Szenenfläche,
- die Besetzung der Abschrankungslinien im Publikum als Schutz vor Übersteigen,
- die Sicherung von Regieständen,
- die Sicherung von Türmen für Licht, Ton und Effekten im Zuschauerbereich,
- die Publikumsleitung in besonderen Ticketzonen,
- die Besetzung der Bühnenaufgänge bzw. Backstagezugänge und deren Sicherung gegenüber der Publikumsseite.

Die besonderen Risiken entstehen hier besonders im Bereich der Bühnenfront und der Zugangsbereiche zu den sonstigen durch Barrikaden abgetrennten Bereichen vor der Bühne. Die Beurteilungsmethodik ist ansonsten mit der bei Sportveranstaltungen identisch.

### Auswertung:

Für die notwendige Anzahl der Sicherheitskräfte in den einzelnen Bereichen gibt es nur bedingt allgemeinverbindliche Werte. Einiges ist aus der Beobachtung von Großveranstaltungen abzuleiten, soll und kann hier jedoch nur als Beispiel dargestellt werden. Es empfiehlt sich, die in der eigenen Sportstätte gewonnenen Erkenntnisse als Betrachtungsgrundlage zusammen mit den nachstehend dargestellten Werten zu benutzen und sie dann anhand der ermittelten Risikofaktoren der jeweiligen Lage bei den einzelnen Events anzupassen.

Für die einzelnen Schutzbereiche haben sich nach empirischer Beobachtung von etwa fünfzig Großveranstaltungen ohne auffälliges Risikopotenzial folgende Werte ergeben:

| | |
|---|---|
| Sicherheitsgraben vor der Szenenfläche | ein Ordner pro angefangene 4 m |
| Wellenbrecherlinien im Publikum | ein Ordner pro angefangene 4 m |
| Sicherung von kleinen Türmen für Licht, Ton und Effekten im Zuschauerbereich | ein Ordner insgesamt |
| Sicherung von großen Türmen für Licht, Ton und Effekten im Zuschauerbereich | ein Ordner pro Seite |
| Sicherung von Regieständen | je ein Ordner pro Seite |
| Sicherung von Backstagebereichen mit Zugängen von der Publikumsseite | ein Ordner pro Zugang/ein Ordner pro 5 m |

*Tabelle 4.8 Sicherung der Szenenfläche, Wellenbrecher und technischen Aufbauten*

Beispiel:
Bei einem Open-Air-Konzert sind der Sicherheitsgraben und die Abschrankungslinie jeweils 20 m breit, im Publikum steht ein größerer F.O.H. (Front-of-House/Regieturm) mit drei Etagen. Rechts und links von der Bühne sind zwei Zugänge zum Backstagebereich vorhanden.
Für dieses Szenario sind 16 Ordner erforderlich (6 jeweils für Graben und Wellenbrecher, 2 für F.O.H. und 2 für Backstagezugänge).

Hinzu kommen noch Kräfte für Führungsaufgaben bzw. für die Besucherkontrolle im Einlassbereich.

**Für die Sicherung und Publikumsleitung in Ticketzonen gilt:**

| | |
|---|---|
| Kartenkontrolle | ein Ordner pro Zugang |
| Kontrolle auf Mitführen von Gegenständen und Sicherstellung von unzulässigen Gegenständen | je Zugang mindestens 2 männliche Ordner + eine weibliche Ordnerin, wenn direkte Kontrollen von Taschen und eventuell Personen durchgeführt werden. |
| | Alternativ Zugänge nur jeweils mit Frauen und Männern besetzen. |
| Pro fünf Kontrollteams | ein verantwortlicher Teamleiter für Führungsaufgaben. |

*Tabelle 4.9 Sicherung der Einlasskontrolle*

Setzt man die für die betroffene Versammlungsstätte ermittelten Werte in Relation zur analysierten Risikosituation, so lassen sich daraus notwendige Erhöhungen der Anzahl der Sicherheitskräfte oder ggf. eine vertretbare Verringerung ableiten.

Dies kann sachgemäß nur ein Beispiel für die Betrachtungen der jeweiligen speziellen Situation sein. Ein einfaches Übertragen der obigen Werte auf beliebige Events ist nicht sachgerecht sondern bedarf der ausführlichen Prüfung. Es empfiehlt sich zudem eine enge Zusammenarbeit und Abstimmung mit den Sicherheitsdienstleistern und natürlich den Ordnungsbehörden.

## 4.3 Gefahrenlage Beschäftigte – Grundlagen der Arbeitssicherheit

Die vom Gesetzgeber dem Unternehmer auferlegte Fürsorgepflicht wird im Arbeitsschutzgesetz (ArbSchG) und der Betriebssicherheitsverordnung (BetrSichV) definiert. Dabei ist der Gedanke der präventiven Gefahrenabwehr die Grundlage des Handelns. Die direkte Unternehmerverantwortung erstreckt sich in diesem Zusammenhang auf:

- die eigenen festen Mitarbeiter (sportlicher, technischer und organisatorischer Teil)
- temporär eingesetzte Mitarbeiter
- Ehrenamtliche im Sportbetrieb (Versicherte im Sinne des SGB bei der Berufsgenossenschaft)

Für deren Arbeitsplätze und -situationen ist der Arbeitsschutz unmittelbar zu gestalten. Dazu gehört als erster Schritt immer die *Gefährdungsanalyse* als Ausgangspunkt für die weiteren Maßnahmen.

Die indirekte Verantwortung des Unternehmers (*Organisationsverantwortung*) erstreckt sich auf:

- die Beauftragung von Dienstleistern und
- das Einfordern und Prüfen von deren Arbeitsschutzsytemen, und den Gefährdungsanalysen mit den daraus abgeleiteten Maßnahmen.

Arbeitsschutz ist damit Chefsache und hat eine sehr hohe Priorität.

### 4.3.1 Grundpflichten des Arbeitgebers

Die Grundpflichten des Arbeitgebers werden im § 3 ArbSchG eindeutig festgeschrieben. Der Arbeitgeber ist danach verpflichtet, die erforderlichen Maßnahmen des Arbeitsschutzes unter Berücksichtigung der Umstände zu treffen, die Sicherheit und Gesundheit der Beschäftigten bei der Arbeit beeinflussen. Er hat die Maßnahmen auf ihre Wirksamkeit zu überprüfen und erforderlichenfalls sich ändernden Gegebenheiten anzupassen. Dabei hat er eine Verbesserung von Sicherheit und Gesundheitsschutz der Beschäftigten anzustreben.

Zur Planung und Durchführung der Maßnahmen nach Absatz 1 hat der Arbeitgeber unter Berücksichtigung der Art der Tätigkeiten und der Zahl der Beschäftigten

- für eine geeignete Organisation zu sorgen und die erforderlichen Mittel bereitzustellen sowie
- Vorkehrungen zu treffen, dass die Maßnahmen erforderlichenfalls bei allen Tätigkeiten und eingebunden in die betrieblichen Führungsstrukturen beachtet werden und die Beschäftigten ihren Mitwirkungspflichten nachkommen können.
- Kosten für Maßnahmen nach diesem Gesetz darf der Arbeitgeber nicht den Beschäftigten auferlegen.

Die Arbeitsschutzorganisation ist Chefsache, die der Vorstand oder die Geschäftsführung zu veranlassen und zu verantworten hat.

Nach § 4 Arbeitsschutzgesetz (Allgemeine Grundsätze) muss der Arbeitgeber bei Maßnahmen des Arbeitsschutzes von folgenden allgemeinen Grundsätzen ausgehen:

- Die Arbeit ist so zu gestalten, dass eine Gefährdung für Leben und Gesundheit möglichst vermieden und die verbleibende Gefährdung möglichst gering gehalten wird;
- Gefahren sind an ihrer Quelle zu bekämpfen;
- Bei den Maßnahmen sind der Stand der Technik, Arbeitsmedizin und Hygiene sowie sonstige gesicherte arbeitswissenschaftliche Erkenntnisse zu berücksichtigen;

- Maßnahmen sind mit dem Ziel zu planen, Technik, Arbeitsorganisation, sonstige Arbeitsbedingungen, soziale Beziehungen und Einfluss der Umwelt auf den Arbeitsplatz sachgerecht zu verknüpfen;
- Individuelle Schutzmaßnahmen sind nachrangig zu anderen Maßnahmen;
- Spezielle Gefahren für besonders schutzbedürftige Beschäftigtengruppen sind zu berücksichtigen;
- Den Beschäftigten sind geeignete Anweisungen zu erteilen;
- Mittelbar oder unmittelbar geschlechtsspezifisch wirkende Regelungen sind nur zulässig, wenn dies aus biologischen Gründen zwingend geboten ist.

Diese Verpflichtungen überhaupt erfüllen zu können, setzt eine genaue, fundierte und dokumentierte Kenntnis der Arbeitsplatzsituationen voraus. Daher ist das Instrument der *Gefährdungsbeurteilung* zwingend vom Gesetzgeber eingeführt worden. Bei der Gefährdungsbeurteilung nach § 5 des Arbeitsschutzgesetzes hat der Arbeitgeber im Hinblick auf das Einrichten und Betreiben der Arbeitsstätte insbesondere Folgendes zu ermitteln und zu bewerten:

- Brandgefährdungen,
- Absturzgefährdungen, Herabfallen von Gegenständen,
- innerbetrieblicher Verkehr,
- Fluchtwege und Notausgänge,
- Lärm, Lüftung, Klima, Beleuchtung,
- ergonomische Gestaltung.

Daraus sind die technischen, baulichen und organisatorischen Maßnahmen abzuleiten. Die Beurteilung ist je nach Art der Tätigkeiten vorzunehmen. Bei gleichartigen Arbeitsbedingungen ist die Beurteilung eines Arbeitsplatzes oder einer Tätigkeit ausreichend. Aus der Unfallforschung ergibt sich eindeutig, dass insbesondere Unternehmen mit wechselnden Mitarbeitern, und dies ist für alle Großveranstaltungsarten typisch, dann besonders unfallträchtig sind, wenn die Mitarbeiter nicht ausreichend in das Tätigkeitsfeld und seine Gefahren eingewiesen worden sind. Daher wird der Einweisung in das Arbeitsfeld (*Unterweisung*) seitens des Gesetzgebers ein besonderes Gewicht beigemessen.

Bei der *Unterweisung* nach Arbeitsschutzgesetz hat der Arbeitgeber den Beschäftigten angemessene Informationen und Anweisungen zu geben, insbesondere über:

- bestimmungsgemäßes Benutzen der Arbeitsstätte, insbesondere über Maßnahmen im Gefahrenfall, die Bedienung von Sicherheits- und Warneinrichtungen und den innerbetrieblichen Verkehr,
- sachgerechtes Instandhalten der Arbeitsstätte.

Dies muss in für die Beschäftigten verständlicher Form und Sprache erfolgen.

Eine qualifizierte *Pflichtenübertragung* (nach § 13 ArbSchG) setzt eine qualifizierte Auswahl der Beauftragten durch die Geschäftsführung voraus.

### 4.3.2 Grundlagen der Gefahrenanalyse

Die Erstellung von Gefahrenanalysen und die Ableitung der Maßnahmen ist Chefsache mit hoher Priorität. Da es sich um komplexe Fachaufgaben handelt, ist hier die Beauftragung von geprüften Fachkräften für Arbeitssicherheit in den meisten Fällen unumgänglich. Eine Gefährdung kann sich insbesondere ergeben durch:

- die Gestaltung und die Einrichtung der Arbeitsstätte und des Arbeitsplatzes,
- physikalische, chemische und biologische Einwirkungen,
- die Gestaltung, die Auswahl und den Einsatz von Arbeitsmitteln, insbesondere von Arbeitsstoffen, Maschinen, Geräten und Anlagen sowie den Umgang damit,
- die Gestaltung von Arbeits- und Fertigungsverfahren, Arbeitsabläufen und Arbeitszeit und deren Zusammenwirken,
- unzureichende Qualifikation und Unterweisung der Beschäftigten.

Um eine Gefährdungsanalyse durchzuführen und die dabei festgestellten Fakten in Relation zu anderen derartigen Untersuchungen zu stellen, bzw. sie auf vergleichbare Situationen übertragbar zu machen, ist die Definition einiger Begriffe nötig. Die nachfolgenden Definitionen sind im Arbeitsschutz allgemein gebräuchlich.

- *Gefahr* ist die Möglichkeit des unkontrollierten, ungesicherten Freiwerdens von Energie, die zur Schädigung des Menschen führen kann.

- *Gefährdungen* sind dadurch gekennzeichnet, dass schädigende Energien bzw. Einflüsse (z. B. elektrische Energie, Gefahrstoffe) mit dem Menschen räumlich und zeitlich zusammentreffen und damit die Möglichkeit des Eintritts eines Gesundheitsschadens gegeben ist.

- *Arbeitsbedingte Belastungen*, z. B. Arbeitsumgebungsbedingungen, schwere körperliche Arbeit und psychische Belastungen, zählen ebenfalls zu den Gefährdungen.

- *Schutzziele* drücken Forderungen und Vorgaben aus, die Sicherheit und Gesundheitsschutz bei der Arbeit zum Inhalt haben.

- *Tätigkeiten* sind Teile des Arbeitsauftrages und durch das jeweils benötigte Arbeitsmittel charakterisiert (z. B. Transportieren von Flightcases, Einleuchten, Fahrzeugführen).

- *Arbeitsplatz* ist der Bereich, in dem sich der Beschäftigte zur Ausübung seiner ihm vom Arbeitgeber übertragenen Tätigkeiten aufhält. Dies können je nach Art der Aufgabe ein fester Ort (z. B. Lager, Büro) oder wechselnde Orte „on Tour" von unterschiedlicher Aufenthaltsdauer (z. B. Bühne, Rigg, FOH) sein.

### 4.3.3 Arbeitsschutzorganisation und Betreiberverantwortung

Die Arbeitsschutzorganisation in der vorstehend beschriebenen Form ist und bleibt in der direkten Verantwortung des Betreibers, also in den vorliegenden Fällen in der Verantwortung des Vereins bzw. dessen Vorstands. Selbst bei der Beauftragung von Veranstaltern, Fachfirmen etc. bleibt die Organisationsverantwortung beim Betreiber. Das heißt also, dass sichergestellt und beaufsichtigt werden muss, dass die Auftragnehmer alle Notwendigkeiten des staatlichen und berufsgenossenschaftlichen Arbeitsschutzes erfüllen. Die Beauftragung darf sich demnach nicht nur an der preislichen Angebotslage, sondern insbesondere an der Befähigung und Qualifikation der Auftragnehmer orientieren.

### 4.3.4 Auswahl von Auftragnehmern

Grundsätzlich besteht immer die Verpflichtung, bei Ausschreibungen zur Leistungsvergabe von den qualifizierten Angeboten das günstigste anzunehmen. Soweit kaufmännisch und wirtschaftlich richtig. Zu beachten ist hier nur, dass die ausreichende Qualität der Angebote, insbesondere bei der Auftragsvergabe im Eventbereich, nicht nur eine Frage der Wirtschaftlichkeit, sondern primär eine Frage der qualifizierten Verantwortungsübertragung an Dritte darstellt. Damit werden zudem Haftungsfragen aufgeworfen, denn mangelhafte Auswahlkriterien führen zur nicht belastbaren Übertragung von Unternehmerpflichten im Schadensfall. Somit liegt die Möglichkeit des Auswahlverschuldens und damit des Regresses auf den Betreiber in greifbarer Nähe!

Eine Möglichkeit, zu höherer Sicherheit in der Auswahl zur Beauftragung zu gelangen, liegt in der Festlegung von auf die Belange des Arbeitsschutzes und der öffentlichen Sicherheit ausgelegten Ausschreibungsbedingungen.

Ein probates Beispiel wird in der „freiwilligen Selbstverpflichtung", die die niedersächsischen Arbeitsschutzbehörden mit der Veranstaltungsbranche geschlossen haben, gegeben. Die Texte dieses Projektes (im Anhang 1) können für die jeweiligen eigenen Ausschreibungen eine verwendbare Grundlage sein.

Auswahl der *technischen Leitung* der Versammlungsstätte: Die Musterversammlungs-stättenverordnung (2002) schreibt in den §§ 39 und 40 die Kriterien für die Auswahl und den Einsatz technischer Fachkräfte bei Veranstaltungen vor:

- **Größe der Szenenfläche/ mit der Definition > 20m²**
- **Anzahl der Besucher**

Diese Regelung alleine ist im Sinne der Arbeitsschutzgesetzgebung und des Regel-werkes der Berufsgenossenschaften nicht ausreichend, da hier sowohl die Auswahl der Arbeitsmittel als auch der *befähigten Personen* für die Leitung und die Arbeits-sicherheitsorganisation immer aufgrund der Gefährdungsanalyse zu geschehen hat.

In der *Betriebssicherheitsverordnung* (BetrSichV) konkretisiert der Gesetzgeber seine Anforderungen und bindet die Vereine als Unternehmer an bestimmte Verhaltens-normen und verpflichtet zur selbständigen Einschätzung der sicherheitstechnischen Belange. Einer der wesentlichen Aspekte besteht in der Auswahl der geeigneten *befä-higten Personen*:

§ 2 BetrSichV - Begriffe

(7) Befähigte Person im Sinne dieser Verordnung ist eine Person, die durch ihre Berufsausbildung, ihre Berufserfahrung und ihre zeitnahe berufliche Tätigkeit über die erforderlichen Fachkenntnisse zur Prüfung der Arbeitsmittel verfügt.

Auch hier wird anhand der Gefährdungsanalyse der Anforderungskatalog an die *befä-higte Person* erstellt. Denn nur wenn die Risiken des Arbeitsverfahrens oder des Arbeitsplatzes ausreichend bekannt sind, können die Vorraussetzungen für die Aus-wahl hinreichend genau festgelegt werden.

§ 3 BetrSichV - Gefährdungsbeurteilung

(1) Der Arbeitgeber hat bei der Gefährdungsbeurteilung nach § 5 des Arbeitsschutz-gesetzes unter Berücksichtigung der Anhänge 1 bis 5, des § 16 der Gefahrstoff-verordnung und der allgemeinen Grundsätze des § 4 des Arbeitsschutzgesetzes die notwendigen Maßnahmen für die sichere Bereitstellung und Benutzung der Arbeits-mittel zu ermitteln. Dabei hat er insbesondere die Gefährdungen zu berücksichtigen, die mit der Benutzung des Arbeitsmittels selbst verbunden sind und die am Arbeitsplatz durch Wechselwirkungen der Arbeitsmittel untereinander oder mit Arbeitsstoffen oder der Arbeitsumgebung hervorgerufen werden.

Dieser Passus der Vorschrift betrifft insbesondere die Beeinflussung der Arbeits-sicherheit durch das Publikumsverhalten.

Beispiel:

Bei der Beurteilung der möglichen Gefährdung von Mitarbeitern in einem Regiestand, der sich im Innenraum einer Veranstaltung befindet, ist zu untersuchen, inwieweit die Rettungswege der Mitarbeiter im Gefahrenfall vom Publikum blockiert werden. Kann die Hilfeleistung für einen bewußtlosen Verfolgerfahrer auf einem Beleuchtungsturm rechtzeitig in einer Unfallsituation gewährleistet werden, wenn der Beleuchtungsturm mitten im Publikum steht? Muss das Sicherheitspersonal in aggressiven Publikums-situationen mit besonderer Schutzausrüstung ausgestattet werden?

Als weiteres elementares Regelwerk sind die berufsgenossenschaftlichen Vorschriften, Regeln, Grundsätze und Informationen mit einzubeziehen. Unmittelbar gelten diese Vorschriften immer für alle Personen, die bei der BG versichert sind. Dies sind nicht nur die „Profis", sondern alle im Sportbereich ehrenamtlich Tätigen. Insgesamt stellen diese Vorschriften den Stand der Technik dar, sind damit eine der wesentlichsten aktuellen Grundlagen des Arbeitsschutzes, und somit für die Entscheidungsträger bin-dend. Anzuwendende grundlegende Regel dieses Bereichs ist die:

**BGV A1 Grundsätze der Prävention - Pflichten des Unternehmers**

§ 2 Grundpflichten des Unternehmers

(1) Der Unternehmer hat die erforderlichen Maßnahmen zur Verhütung von Arbeitsunfällen, Berufskrankheiten und arbeitsbedingten Gesundheitsgefahren sowie für eine wirksame Erste Hilfe zu treffen. Die zu treffenden Maßnahmen sind insbesondere in staatlichen Arbeitsschutzvorschriften [...], dieser Unfallverhütungsvorschrift und in weiteren Unfallverhütungsvorschriften näher bestimmt.

(2) Der Unternehmer hat bei den Maßnahmen nach Absatz 1 von den allgemeinen Grundsätzen nach § 4 Arbeitsschutzgesetz auszugehen und dabei insbesondere das staatliche und berufsgenossenschaftliche Regelwerk heranzuziehen.

(3) Der Unternehmer hat die Maßnahmen nach Absatz 1 entsprechend den Bestimmungen des § 3 Abs. 1 Sätze 2 und 3 und Absatz 2 Arbeitsschutzgesetz zu planen, zu organisieren, durchzuführen und erforderlichenfalls an veränderte Gegebenheiten anzupassen.

(4) Der Unternehmer darf keine sicherheitswidrigen Weisungen erteilen.

(5) Kosten für Maßnahmen nach dieser Unfallverhütungsvorschrift und den für ihn sonst geltenden Unfallverhütungsvorschriften darf der Unternehmer nicht den Versicherten auferlegen.

§ 3 Beurteilung der Arbeitsbedingungen, Dokumentation, Auskunftspflichten

(1) Der Unternehmer hat durch eine Beurteilung der für die Versicherten mit ihrer Arbeit verbundenen Gefährdungen entsprechend § 5 Abs. 2 und 3 Arbeitsschutzgesetz zu ermitteln, welche Maßnahmen nach § 2 Abs. 1 erforderlich sind.

(2) Der Unternehmer hat Gefährdungsbeurteilungen insbesondere dann zu überprüfen, wenn sich die betrieblichen Gegebenheiten hinsichtlich Sicherheit und Gesundheitsschutz verändert haben.

(3) Der Unternehmer hat entsprechend § 6 Abs. 1 Arbeitsschutzgesetz das Ergebnis der Gefährdungsbeurteilung [...], die von ihm festgelegten Maßnahmen und das Ergebnis ihrer Überprüfung zu dokumentieren.

(4) Der Unternehmer hat der Berufsgenossenschaft alle Informationen über die im Betrieb getroffenen Maßnahmen des Arbeitsschutzes auf Wunsch zur Kenntnis zu geben.

Dementsprechend ist die Auswahl und Einsetzung der *technischen Leitung* nach den Ergebnissen der Gefährdungsanalyse vorzunehmen und kann sich z.B. an den folgenden anerkannten Regelwerken und Branchenstandards orientieren:

- BGV C 1 Produktionsstätten für szenische Darstellung
- SP 25.2 Auswahl von Studiofachkräften
- VPLT Standard SR 3.0 Sachkundige für Veranstaltungsrigging

**4.3.5 Methodische Arbeitsschritte für die Gefährdungsbeurteilung am Arbeitsplatz**

Schritt 1 - Festlegen der Betrachtungseinheit (Typisierung)

Als Betrachtungseinheit werden gleiche oder ähnliche Arbeitsbereiche oder Arbeitsplätze/ Tätigkeiten festgelegt. Als Betrachtungseinheiten kommen in Frage:

**1a. Arbeitsbereich**

Die Betrachtungseinheit Arbeitsbereich bietet sich an, wenn für mehrere räumlich zusammengefasste Arbeitsplätze gleiche Bedingungen gelten, z. B. bei Regieständen (F.O.H.), von denen aus Ton, Licht, Video und Effekte gesteuert werden, da die Arbeits- umgebungseinflüsse wie Geräusche, Publikumsverhalten und Beleuchtung für alle dort Tätigen gleich sind. Des Weiteren lassen sich Faktoren, die die gesamte Arbeitsstätte betreffen, in dieser Form beurteilen.

**1b. Tätigkeit/Arbeitsplatz**

Diese Analyseart eignet sich für die Beurteilung von Bedingungen, die sich konkret aus der Tätigkeits- oder Arbeitsplatzcharakteristik ergeben. Eine systematische Vorgehens- weise bei der Gefährdungsbeurteilung ermöglicht das Erstellen eines Arbeitsblattes für die Arbeitplätze/Tätigkeiten. Dieses Arbeitsblatt soll dazu anregen, einen Überblick über die Arbeitsbereiche, Arbeitsplätze und Tätigkeiten im Unternehmen zu erhalten, vorausgesetzt, dass noch keine gleichwertigen Unterlagen wie z. B. Organigramme vorliegen. Die Betrachtungseinheiten können sich ergänzen, d. h. die Gefährdungs- beurteilung kann erst bezogen auf den Arbeitsbereich und anschließend bezogen auf die Tätigkeit erfolgen.

Schritt 2 - Ermitteln von Gefährdungen

Ermittlung des Ist-Zustandes bezüglich der arbeitsbedingten Gefährdungen, z. B. durch Betriebsbegehungen, Checklisten, Auswertung von Unfällen, Beinaheunfällen und ar- beitsbedingten Erkrankungen. Dabei sollte die Ursprungsgefährdung als Ausgangs- punkt für die Analyse festgestellt werden.

### Schritt 3 - Schutzziele ermitteln und festlegen

Schutzziele legen den sicheren Soll-Zustand fest. Sie sind in der Regel in Gesetzen, Verordnungen, Unfallverhütungsvorschriften, Normen u. ä. enthalten.

### Schritt 4 - Maßnahmen ableiten und durchführen

Die Maßnahmen sind nach der Reihenfolge zu bearbeiten:

1. technische Maßnahmen
2. organisatorische Maßnahmen
3. personenbezoge Auswahl und Durchführung
4. Dokumentation und Umsetzung
5. Wirksamkeit überprüfen: Durchführungskontrolle, Wirkungskontrolle, Erhaltungskontrolle

Es ist sinnvoll, die Betrachtungen nicht nur auf den Normalbetrieb zu beschränken, sondern auch typische Störungen, Wartung und Instandhaltung zu berücksichtigen. Dieses gilt sowohl für den Sportbereich als auch uneingeschränkt für die Eventszene.

#### 4.3.6 Arbeitssicherheit bei Großveranstaltungen

Werden Events in Sportanlagen veranstaltet, so ist dies im Regelfall mit wesentlichen Ein- und Umbauten, zumindest temporärer Art verbunden. Im Sprachgebrauch der Veranstaltungstechnik hat sich das Wort *Baustelle* als Synonym für die Einrichtung von Veranstaltungsinstallationen eingebürgert. Hier ist allerdings eine Begriffsklärung nötig, da dieser Begriff in den Regelwerken des formellen und materiellen Rechts bereits definiert und mit bestimmten Verpflichtungen versehen ist.

Baustelle ist in § 1 (3) der Verordnung über Sicherheit und Gesundheitsschutz auf Baustellen (Baustellenverordnung - BaustellV) vom 10. Juni 1998 so definiert:

*Baustelle* ist der Ort, an dem ein Bauvorhaben ausgeführt wird.

Ein *Bauvorhaben* ist das Vorhaben, eine oder mehrere bauliche Anlagen zu errichten, zu ändern oder abzubrechen.

Diese Definition *Bauvorhaben* leitet sich aus den Bauordnungen ab.

Somit ist zu unterscheiden, ob es sich bei der Einrichtung einer Veranstaltungsinstallation um die Errichtung eines Bauvorhabens handelt oder nicht, da bei der Erfüllung der Kriterien eines Bauvorhabens die Vorgaben der Baustellenverordnung zwingend zu beachten sind. Eindeutig ist dies bei der Errichtung und Demontage von Eventtechnik in Form der Szenenflächen, Bühnenhäuser, technischen Einrichtungen etc. innerhalb einer Sportanlage. Dabei handelt es sich immer um bauliche Anlagen im Sinne der Bauordnung. Zwingend ist dies immer dann der Fall, wenn eine vorübergehende Nutzung einer baulichen Anlage als Versammlungsstätte erfolgt, die nach MVStättV genehmigt werden muss. Im beschriebenen Fall wird die Baustellenverordnung zur Arbeitsschutzregel für die Auf- und Abbauphasen bei Großveranstaltungen.

Die Methodik des Arbeitsschutzsystems Baustellenverordnung stimmt grundsätzlich mit der Systematik nach Arbeitsschutzgesetz und Betriebssicherheitsverordnung überein. Der wesentliche Unterschied besteht darin, dass vor Beginn der Maßnahmen ein *Sicherheitskoordinator* (SiGeKo) einzusetzen ist, der die Abläufe der Baustelle anhand des ebenfalls vorab zu erstellenden Sicherheits- und Gesundheitsplanes zu koordinieren hat. Dazu sind ihm die entsprechenden Unternehmerpflichten und -rechte zu übertragen.

Der § 6 der Baustellenverordnung bindet auch allein arbeitende Selbständige an die Arbeitsschutzvorschriften und damit an die Weisungen des *SiGeKo*. – ein wichtiger Passus, da gerade in der Veranstaltungstechnik eine Vielzahl von einzeln arbeitenden Selbständigen tätig ist, die per se sonst nicht direkt an die Arbeitsschutzvorschriften gebunden sind.

### 4.3.7 Prüfung von Arbeitsmitteln nach der Montage

Bei allen Arbeitsmitteln, deren Betriebssicherheit von der richtigen Montage abhängig ist, ist nach § 10 der BetrSichV die Prüfung der Arbeitsmittel durch eine befähigte Person vor der Inbetriebnahme zwingend vorgeschrieben. Das trifft immer für alle mobilen Installationen – z.B. Riggs, Bühnenhäuser usw. – der Eventtechnik zu.

Diese Prüfungen sind nach § 11 BetrSichV aufzuzeichnen auf Verlangen den Aufsichtsbehörden vorzulegen. Dabei haben diese Dokumentationen den Vorteil, dass aus ihnen systematische Fehler und Probleme, die sich wiederholen erkannt und behoben werden können.

# 5    Die 12 WM Stadien

# Einleitung

Als Deutschland 1974 Gastgeber der Fußballweltmeisterschaft war, wurden neun Stadien als Austragungsorte für ca. 240 Millionen DM neu-, um- und ausgebaut. Damals fanden die Spiele des Turniers in Berlin (Olympiastadion), Dortmund (Westfalenstadion), Düsseldorf (Rheinstadion), Frankfurt/Main (Waldstadion), Gelsenkirchen (Parkstadion), Hamburg (Volksparkstadion), Hannover (Niedersachsenstadion), München (Olympiastadion) und Stuttgart (Neckarstadion) statt.

Der DFB hatte für diese erste Weltmeisterschaft auf deutschem Boden die Messlatte hoch gelegt: Jedes Stadion sollte mindestens 60.000 Besucher fassen, davon sollten mindestens 30.000 Personen auf Sitzplätzen das Spiel verfolgen können, zusätzlich mussten zwei Drittel aller Plätze überdacht sein.

Wie bereits bei der WM 1974 traten bei der Europameisterschaft 1988 (EURO88) bewährte Austragungsorte an: München, Stuttgart, Hamburg Gelsenkirchen, Frankfurt, Hannover und Düsseldorf. Berlin und Dortmund waren nicht vertreten, dafür wurden im 1975 erneuerten Müngersdorfer Stadion zu Köln zwei Vorrundenspiele ausgetragen.

Zur FIFA-WM 2006 sind bis auf Düsseldorf alle Spielstädte wieder vertreten. Neu hinzugekommen sind Kaiserslautern, Nürnberg und Leipzig. Jedoch sind die Stadien in Frankfurt am Main, Gelsenkirchen, Hamburg, Hannover und München in keiner Weise mit den Spielstätten der WM 1974 zu vergleichen. In München wurde mit der Allianz-Arena ein komplett neues Stadion an geographisch gänzlich anderer Stelle errichtet. Das Olympiastadion ist nicht mehr Austragungsort. Hannovers Niedersachsenstadion wurde zur AWD-Arena umgebau. In Hamburg wurde an der Stelle des alten Volksparkstadions die AOL-Arena errichtet und die Gelsenkirchener Multifunktions-Arena auf Schalke (Veltins-Arena) als Nachfolgerin des Parkstadions ist bereits seit einigen Jahren in Betrieb. In Frankfurt am Main wurde auf dem (Rasen) Grundriss des alten

WALDSTADIONS eine komplett neue Spielstätte errichtet. An das alte Bauwerk erinnert lediglich ein Originalstein im Foyer der neuen COMMERZBANK-ARENA. Die vier neuen Spielorte wurden ebenfalls unter hohem Mitteleinsatz modernisiert und umgestaltet. Der folgende Abschnitt enthält zu allen zwölf WM-Stadien eine kurze textliche Darstellung über die Geschichte und eine tabellarische Zusammenfassung der wichtigsten technischen Daten sowie eine Kontaktadresse. Allen Stadien gemeinsam sind z.B. Umkleideräume bzw. sanitäre Einrichtungen in ausreichender Zahl. Auf diese Details wurde aus Übersichtlichkeitsgründen verzichtet. Die genauen Daten können bei Interesse beim jeweiligen Betreiber nachgefragt werden.

Die abgedruckten Angaben wurden von den Stadienbetreibern zur Verfügung gestellt und soweit wie möglich vor Ort geprüft. Für fehlerhafte oder fehlende Angaben können die Verfasser und der Verlag aus verständlichen Gründen keine Verantwortung oder Haftung übernehmen. Die historischen Angaben der Stadionportraits basieren zum Großteil auf dem Standardwerk von Werner Skrentny (Hrsg.), „Das große Buch der Deutschen Fußball-Stadien", das dem interessierten Leser zur weiterführenden Lektüre empfohlen wird (SKRENTNY, 2001).

Die Autoren bedanken sich bei allen Verantwortlichen und Mitarbeitern der jeweiligen Spielstätten, die das Team in zehn Fällen freundlich und sehr hilfsbereit zu Besichtigungen empfangen haben. Da in Kaiserslautern zum Zeitpunkt der Drucklegung noch gebaut wurde, kam dort ein Besichtigungstermin leider nicht zustande. Zudem hatte die Baustelle zu dieser Zeit mit Problemen an der Dachkonstruktion zu kämpfen. Unsere technischen Anfragen wurden bis zum Redaktionsschluss nur unvollständig beantwortet. Bei Interesse an Detailfragen verweisen wir auf den Betreiber bzw. die Pressestelle des Vereins und bitten die Unannehmlichkeiten zu entschuldigen.

„Auf Schalke" wurde die Redaktion nach mehrmaliger Anfrage mit umfangreichen technischen Daten versorgt, eine Besichtigung wurde zunächst „mangels Interesse" und später „aus Zeitgründen" verwehrt. Eine Überprüfung der Daten vor Ort konnte somit nicht erfolgen. Hierfür bitten die Verfasser ebenso um Nachsicht.

# Hamburg

Das Altonaer Stadion wurde 1951 zum Hamburger VOLKSPARKSTADION ausgebaut. Im Zuge der WM 1974 wurde weiter investiert, u.a. in eine elektronische Anzeigetafel. Vor dem Abriss 1998 fasste das VOLKSPARKSTADION zuletzt gut 60.000 Besucher. Knapp die Hälfte der Plätze waren Sitzplätze, und rund 17.600 Plätze waren überdacht. Damit besaß Hamburg das fünftgrößte Stadion in Deutschland, erhielt aber auch einen schlechten Ruf: Es kam zu einer Reihe von Unfällen und 1979 wurden 62 Menschen zum Teil lebensgefährlich verletzt – „das folgenschwerste Unglück in der deutschen Stadiongeschichte" (SKRENTNY, 2001, S. 163).

Ende der 90er Jahre wurde das Projekt „neues Volksparkstadion" in Angriff genommen und das Spielfeld wurde für den Neubau gedreht.

Die heutige AOL-ARENA bietet seit ihrer Fertigstellung bei internationalen Turnieren gut 46.000 Besuchern unter dem transluzenten „Bird-Air-Dach" Platz. Die Gesamtinvestition belief sich auf 97 Mio. EUR unter der Regie von MOS ARCHITEKTEN.

© Christian A. Buschhoff

**FACTSHEET WM-STADION HAMBURG (AOL-ARENA, FRÜHER: VOLKSPARKSTADION)**

Zuschauerkapazität gesamt: 51.055 überdachte Plätze (Fußball)

Davon Sitzplätze: 45.442 (Kaufkarten WM: gut 40.000)

Davon Stehplätze: 9.638

Logen: 50

Stadioninnenfläche: k.A.

Leichtathletikrundbahn: nein

Sondernutzung: American Football, 1 genehmigte Veranstaltungsvariante

Zugänge zum Stadion: 4 Rampen, 6 Treppen

Zugänge zum Spielfeld/Innenraum: 3-4

Presseplätze: 80

Pressezentrum ca. 300 m²

Kamerapositionen: 3 (keine Hausverkabelung)

Polizei- und Funktionslogen: vorhanden

Ü-Wagenstellfläche: vorhanden

Anzeigetafel: 2 LED-Displays EUROCOM (je 45 m²)


**KONTAKT**

AOL ARENA Hamburg

Sylvesterallee 7 . 22525 Hamburg

T +49 40 4155-03 . F +49 40 4155-3120

www.hsv-aolarena.de

# Hannover

Das NIEDERSACHSENSTADION, das 1951 aus Kriegstrümmern aufgeschüttet wurde, war bereits bei der Fußball-WM 1974 Austragungsort. Damals wurde das Stadion für 22 Mio. DM saniert und auf die geforderte Besucherkapazität ausgebaut. In den folgenden Jahren nutzten viele Tourproduktionen das moderne Stadion als Spielstätte, z.B. die ROLLING STONES, PETER MAFFAY, PRINCE, TINA TURNER oder PHILE COLLINS. Für die EURO88 wurden Sicherheitsmaßnahmen für zwei Mio. DM nachgerüstet. Diese Auflagen waren unmittelbare Folge des Unglücks im Brüsseler HEYSEL-STADION.

Für die FIFA-WM 2006 wurde das Stadion für 67 Mio. EUR vollständig neu konzipiert. Das Braunschweiger Architekturbüro Prof. SCHULITZ zeichnet verantwortlich für den Bau der zwischenzeitlich so getauften AWD-ARENA. Der Hannoveraner Finanzdienstleister hat sich die Namensrechte für mehrere Jahre gesichert. Die charakteristischen vier Flutlicht-

masten (im Volksmund „Zahnbürsten" genannt) fielen dem Schweißbrenner zum Opfer. Ebenso wurden die Leichtathletikbahnen und Sprunganlagen entfernt. Somit ist die AWD-ARENA eine reine Fußballspielstätte geworden, die im Januar 2005 nach einneinhalb Jahren Umbauzeit eröffnet wurde.

© O. Vosshage

**FACTSHEET WM-STADION HANNOVER (AWD-ARENA, FRÜHER: NIEDERSACHSENSTADION)**

| |
|---|
| Zuschauerkapazität gesamt: 49.854 überdachte Plätze (Fußball) |
| Davon Sitzplätze: 42.054 |
| Davon Stehplätze: 7.800 (Variositze) |
| Logen: 29, Businessebene |
| Stadioninnenfläche: 13.284 m² |
| Leichtathletikrundbahn: nein |
| Sondernutzung: Konzerte im Innenraum |
| Zugänge zum Stadion: 3 für Zuschauer, 1 für Gäste, 1 für VIPs |
| Zugänge zum Spielfeld/Innenraum: 26 |
| Presseplätze: 96 (Oberrang Ost), Pressekonferenzraum unter der Osttribüne |
| Mixed-Zone/Medienarbeitsraum in der Osttribüne im Hauptgebäude |
| Kamerapositionen: 6 (keine Hausverkabelung; gesicherte Kabelwege) |
| Polizei- und Funktionslogen: Westtribüne |
| Ü-Wagenstellfläche: 1.200 m² (vor Osttribüne) |
| Anzeigetafel: 2 LED-Display ODECO (je 41 m²) über den Toren |

**KONTAKT**

HANNOVER 96 Arena GmbH & Co. KG

Arthur-Menge-Ufer 1 . 30819 Hannover

T +49 511 45060-0 . F +49 511 45060-531

www.hannover96.de oder www.awd-arena.de

# Berlin

Das Berliner OLYMPIASTADION wurde 1934-36 unter dem Architekten und NSDAP-Mitglied WERNER MARCH auf dem „Reichssportfeld" in Charlottenburg gebaut. Dieses war der „erste große Repräsentativbau der Nazizeit" (SKRENTNY, 2001, S. 32). ADOLF HITLER mischte sich in die Bauplanung ein und ALBERT SPEER schlug weißen Muschelkalk für die Fassadengestaltung vor. Als Austragungsort für die Olympischen Spiele 1936 konzipiert, entsprach es zudem den baulichen und architektonischen Vorstellungen der NS-Diktatur. „Und .. (der) war einzig daran gelegen, die „Nazispiele" und deren Architektur für Propaganda und Prestige zu benutzen" (S. 31).

Nach Kriegsende wurden die sichtbaren Zeichen des NS-Regimes entfernt – die Vergangenheit konnte das Gebäude jedoch nie leugnen. 1966 wurde das Bauwerk unter Denkmalschutz gestellt. Aus diesem Grund wurden die vier Flutlichtmasten außerhalb des Stadions montiert.

DÜBBERS UND KRAHE planten für die WM 1974 ein transparentes Acrylglasdach, welches der Architekt MARCH verhinderte.

Die Hamburger Architekten VON GERKAN, MARG UND PARTNER (gmp) hatten noch vor der WM-Vergabe an Deutschland den Auftrag zum Umbau des Olympiastadions erhalten und wollten „[...] mit der denkmalgeschützten Bausubstanz besonders behutsam umgehen und die Identität des Stadions bewahren und eher noch erhöhen" (S. 31). Nach vierjähriger Umbauzeit wurde das OLYMPIASTADION 2004 wieder eröffnet. Die Umbaumaßnahmen haben 241 Mio. EUR gekostet.

Olympiastadion Berlin GmbH,
© Friedrich Busam, Berlin

FACTSHEET WM-STADION BERLIN (OLYMPIASTADION BERLIN)

Zuschauerkapazität gesamt: 74.176 (98 % überdachte Plätze)

Davon Sitzplätze: 66.021

Davon Stehplätze: keine

Logen: 76, 19 Tagungsräume

Stadioninnenfläche: 16.000 m²

Leichtathletikrundbahn: ja (blau)

Sondernutzung: 4 vorabgestimmte Konzepte (z.B. für Konzerte), div. Sportnutzungen

Zugänge zum Stadion: 3

Zugänge zum Spielfeld/Innenraum: 40 + 27, keine Paniktore

Presseplätze: k.A.

Pressezentrum 1.500 m²

Kamerapositionen: 8 (Kameraanschlüsse bauseits vorhanden)

Polizei- und Funktionslogen: 3 Logen für Polizei, zusätzlich 500 m² Polizeiwache

Ü-Wagenstellfläche: ja

Anzeigetafel: 2 LED-Displays (140 m² und 55 m²)

**KONTAKT**

OLYMPIASTADION Berlin GmbH

Olympischer Platz 3 . 14053 Berlin

T +49 30 306 88 100 . F +49 30 306 88 120

www.olympiastadion-berlin.de

# Gelsenkirchen

Durch die WM-Vergabe an Deutschland ergriff man auch in Gelsenkirchen Ende der 6oer Jahre die Gelegenheit, ein neues Stadion zu bauen. Die Architekten KLEMENT, BRÜCKNER UND DUVE übergaben 1973 das kombinierte Fußball- und Leichtathletikstadion für 70.000 Zuschauer seiner Bestimmung, fortan als PARKSTADION einen festen Platz in der Sportgeschichte zu haben. Nach 28 Jahren wurde das Parkstadion jedoch durch den Neubau der ARENA AUF SCHALKE als Bundesligaspielstätte und Heimstatt von SCHALKE 04 abgelöst – die moderne Nachfolgerin trägt heute den Namen VELTINS-ARENA.

Seit der Eröffnung der VELTINS-ARENA im August 2001 haben bereits zahlreiche Großveranstaltungen in dem 186 Mio. EUR teuren Bauwerk (errichtet von HBM) stattgefunden. Technische Highlights sind der komplett aus dem Stadion ausfahrbare Rasen, das verschließbare Membrandach, die mobile Südtribüne und der zentrale Videowürfel unter dem Stadiondach. Diese Besonderheiten lassen das Bauwerk zum „modernsten Stadion Europas" werden, dessen „Hospitality-Bereiche .. allerhöchsten Ansprüchen" entsprechen (Pressetext VELTINS-ARENA).

© VELTINS-Arena Gelsenkirchen

## FACTSHEET WM-STADION GELSENKIRCHEN (VELTINS-ARENA, FRÜHER: ARENA AUF SCHALKE)

Zuschauerkapazität gesamt: 61.524 überdachte Plätze (Fußball)

Davon Sitzplätze: 53.993 bei internationalen Turnieren

Davon Stehplätze: 16.307

Logen: 81, 8 Eventlogen, 2 Incentive-Räume

Stadioninnenfläche: 11.202 m²

Leichtathletikrundbahn: nein

Sondernutzung: Konzert Innenraum, Biathlon, Handball, American Football u.a.

Zugänge zum Stadion: 6

Zugänge zum Spielfeld/Innenraum: Spielertunnel, Pressezugang, div. Treppen

Presseplätze: 310 (Blöcke 11 bis 14, Oberrang Victoria-Tribüne)

Pressezentrum: im 1. UG

Kamerapositionen: 8 auf den Tribünen, 1 auf Catwalk, 1 auf Videowürfel

Polizei- und Funktionslogen: Ecksegment zwischen Victoriatribüne und Nordkurve

Ü-Wagenstellfläche: k.A. (Parkplatz P4 und P5 West)

Anzeigetafel: Videowürfel über Anstoßkreis (Phillips), 4 LED-Displays (je 36 m²)


**KONTAKT**

FC SCHALKE 04 Stadion-Betriebsgesellschaft mbH

Ernst-Kuzorra-Weg 1 . 45891 Gelsenkirchen

T +49 209 3892-930 . F +49 209 3892-939

www.schalke04.de oder www.veltins-arena.de

# Dortmund

Die Entscheidung für den Bau des Dortmunder Westfalenstadions fiel Anfang der 70er Jahre, nachdem Deutschland den Zuschlag als Ausrichter der WM 1974 erhalten hatte. Dortmund kam allerdings erst zum Zug, nachdem Köln als Austragungsort zurückgetreten war. Zunächst war dieses Stadion als „konventionelle Betonschüssel" (SCHULZE-MARMELING, 2001, S. 89) inklusive Leichtathletikbahn vorgesehen. Dieser damalige architektonische Trend führte jedoch dazu, dass in Stadien dieses Bautyps nur dann Stimmung aufkam, wenn sie bis zum oberen Rand gefüllt waren. Durch die weiten Abstände wurden viele Plätze stark vom Spielgeschehen abgekoppelt. Die Dortmunder Entscheidung (die auch finanzielle Gründe hatte) zugunsten eines reinen Fußballstadions in Palettenbauweise, erwies sich in der Folge als richtig. Zur Eröffnung 1974 hatte das Stadion ein Fassungsvermögen von 54.000 Zuschauern, davon waren fast 70 % (!) als Stehplätze ausgelegt. Ende der 90er Jahre wurde die Südtribüne mit 25.000 Stehplätzen zur größten Tribüne dieser Art in Europa. Für internationale Spiele und so auch für die FIFA-WM 2006 wird die Südtribüne mit Sitzen nachgerüstet. Im Zuge des letzten großen Umbaus (Architekten: SCHRÖDER, SCHULTE-LADBECK und STROTHMANN) wurden in den vier Ecken des Stadions weitere Plätze eingebaut. Für die FIFA-WM 2006 wurden lediglich infrastrukturelle Investitionen getätigt. Damit bleibt das Dortmunder Stadion weiterhin das größte Fußballstadion Deutschlands und ist die Nummer zwei in Europa.

© Harald Scherer, Hannover

**FACTSHEET WM-STADION DORTMUND (SIGNAL-IDUNA-PARK, FRÜHER: WESTFALENSTADION)**

Zuschauerkapazität gesamt: 81.500 überdachte Plätze

Sitzplätze: 67.000 bei voller Bestuhlung

Stehplätze: 28.000 (überwiegend auf der Südtribüne)

Logen: 11, 3 VIP-Bereiche, 4.000 VIP-Plätze, „Borussia-Park" als Tagungsräume zu nutzen

Stadioninnenfläche: 8.000 m², davon Spielfeld ca. 7.200 m²

Leichtathletikrundbahn: nein

Sondernutzung: keine Konzertnutzung der Rasenfläche möglich

Zugänge zum Stadion: 2 für Zuschauer, 1 für VIPs

Zugänge zum Spielfeld/Innenraum: 14 Tore/4 Durchgänge in den Ecken

Presseplätze: 500 (Osttribüne)

PK-Raum/ Aufenthaltsraum/ Mixed Zone vorhanden

Kamerapositionen: 3 (+ 2 Osttribüne)

Polizei- und Funktionslogen: Osttribüne

Ü-Wagenstellfläche: 900 m² (unter Osttribüne), zusätzlich auf dem Freigelände

Anzeigetafel: 2 LED-Displays (je 40 m²) in jeweils einer Ecke (Nord-West & Süd-Ost)

**KONTAKT**

Stadion Live Event Management GmbH (im Auftrag des BVB 09)

Rheinlanddamm 207-209 . 44137 Dortmund

T +49 231 9020-501 oder -614 . F +49 231 9020-682

www.bvb09.de oder www.stadionevents.de

# Köln

In Köln wurde 2004 nach zweijähriger Bauzeit das nunmehr dritte Stadion an gleicher Stelle errichtet. Das erste MÜNGERSDORFER STADION verfügte bereits über eine außergewöhnlich gute Ausstattung. Die gesamte Sportanlage (mit drei Kampfbahnen) nahm eine Fläche von 55 Hektar ein und gehörte damit zu den größten Bauwerken dieser Art in Europa. Zur Eröffnung 1923 sollen über 300.000 Menschen auf dem Gelände gewesen sein, wobei lediglich 3.000 Sitzplätze auf der Haupttribüne zur Verfügung standen. Kölns damaliger Oberbürgermeister Konrad Adenauer empfahl die Kölner Sportstätte gar als potenziellen Austragungsort der Olympischen Spiele 1936. Nach diversen Aus- und Umbauten des Bestands sowie der Entscheidung für Deutschland als WM-Austragungsort 1974 wollte auch Köln ein neues Stadion bauen. Heftige Querelen um die architektonische Umsetzung und Streitigkeiten bei der Finanzierung führten schließlich dazu, dass Köln den Neubau zu spät in Angriff nahm und somit als Spielort für die WM 1974 nicht mehr zum Zug kam, wohl aber der regionale Rivale Düsseldorf. Das schließlich 1975 von RIEPL und LOHMER fertiggestellte Stadion mit frei schwebendem Dach bot 61.114 Zuschauern Patz. Hier rockten die ROLLING STONES und viele andere, Papst JOHANNES PAUL II. zelebrierte an diesem Ort vor 70.000 Menschen eine Messe. Die EURO88 bescherte dem MÜNGERSDORFER STADION zwei Partien, und im Zuge der neuen FIFA/UEFA-Regelungen 1998/99 wurde nochmals in die Anlage investiert: Stehplätze fielen weg bzw.

© Harald Scherer, Hannover

Variositze wurden angeschafft. Zur FIFA-WM 2006 erfolgte erneut eine Umbaumaßnahme, die für rund 120 Mio. EUR an alter Stelle ein vollständig neues Stadion entstehen ließ. VON GERKAN, MARG UND PARTNER (gmp) bauten eine reine Fußballarena, deren Wahrzeichen die vier je 80 m hohen Lichtstelen in den Ecken des Bauwerks darstellen.

**FACTSHEET WM-STADION KÖLN (RHEINENERGIESTADION, FRÜHER: MÜNGERSDORFER STADION)**

Zuschauerkapazität gesamt: 50.374 überdachte Plätze (brutto)

Davon Sitzplätze: 41.206, 46.107 bei internationalen Turnieren

Davon Stehplätze: 9.168 (bei internationalen Spielen mit Hartschalensitzen versehen)

Logen: 48, zusätzlich 3 Eventlogen für je 70-100 Personen; gesamt 4.199 Plätze

Stadioninnenfläche: ca. 9.050 m$^2$

Leichtathletikrundbahn: nein

Sondernutzung: Amercian Football, Konzerte, religiöse Conventions, Kundgebungen

Zugänge zum Stadion: 9 plus Tiefgarage (unter Osttribüne)

Zugänge zum Spielfeld/Innenraum: 18

Presseplätze: 100 (Westtribüne)

Pressezentrum und Medienarbeitsraum in Ebene 0, Westtribüne

Kamerapositionen: 12 feste (Verkabelung vorhanden)

Polizei- und Funktionslogen: Osttribüne

Ü-Wagenstellfläche: an Westtribüne ausreichend Stellfläche/Anschlüsse vorhanden

Anzeigetafel: 2 LED-Displays Ecke Süd/Ost und Nord/West (Phillips), je 48 m$^2$

**KONTAKT**

Kölner Sportstätten GmbH
Aachener Straße 999 . 50933 Köln
T +49 221 71616 - 0 . F +49 221 71616 - 103
www.koelnersportstaetten.de

# Frankfurt/Main

Zur WM 1974 hatte man im Frankfurter WALDSTADION bereits das ehemalige Schmuckstück, die Haupttribüne aus den 20er Jahren, die die Form eines antiken griechischen Theaters besaß, entfernt und durch moderne Tribünen ersetzt. Die Beschlüsse von FIFA und UEFA, für internationale Turniere und Begegnungen nur noch reine Sitzplatzstadien zuzulassen, konnten durch das alte WALDSTADION nicht mehr erfüllt werden. Somit wurde u.a. bereits seit Mitte der 90er Jahre ein Neubau diskutiert, der als „Skydome" (MATHEJA, 2001, S. 127) mit geplantem „roll-in-roll-out-Rasen" Furore machte. Dieser wurde nicht realisiert, dafür besitzt die heutige Commerzbank-Arena (Architekt: VOLKWIN MARG, gmp Hamburg) ein imposantes automatisch von der Mitte zu den Rändern hin verfahrbares Membrandach und einen Medienwürfel, der im Zentrum über dem Anstoßkreis schwebt. Somit wurde ein wei-

teres traditionsreiches Bundesligastadion durch eine neu erbaute reine Fußballspielstätte ersetzt, die jedoch mit Kongressräumen und weiterer Infrastruktur auch andere Veranstaltungsformen ermöglicht. Vom ehemaligen WALDSTADION ist nur noch ein Gedenkstein übrig, der einen Platz im Treppenraum des Hauptfoyers erhalten hat.

© Harald Scherer, Hannover

## FACTSHEET WM-STADION FRANKFURT (COMMERZBANK-ARENA, FRÜHER: WALDSTADION)

Zuschauerkapazität gesamt: ca. 52.000 überdachte Plätze (brutto)

Davon Sitzplätze: ca. 42.000, ca. 46.000 bei internationalen Turnieren

Davon Stehplätze: ca. 9.000

Logen: 74, Tagungsbereich

Stadioninnenfläche: 10.000 m$^2$

Leichtathletikrundbahn: nein

Sondernutzung: American Football, Konzerte auf Anfrage

Zugänge zum Stadion: 5 (6)

Zugänge zum Spielfeld/Innenraum: 14

Presseplätze: 250 (Haupttribüne)

Pressecafe, PK-Raum, Pressearbeitsraum in der Haupttribüne

Kamerapositionen: 8 feste (zur Zeit keine Kameraanschlüsse, Kabelwege vorhanden)

Polizei- und Funktionslogen: Tribüne Gegengerade

Ü-Wagenstellfläche: 5.000 m$^2$

Anzeigetafel: Videowürfel über Anstoßkreis (Phillips), 4 LED-Displays


KONTAKT

COMMERZBANK-ARENA/ HSG Technischer Service

Mörfelder Landstraße 362 . 60528 Frankfurt

T +49 69 23 80 80 - 172 . F +49 69 23 80 80 - 179

www.commerzbank-arena.de oder www.hsg.de

# Leipzig

Begonnen wurde mit der Planung für ein Großstadion bereits in den 20er Jahren des letzten Jahrhunderts. Später, zur Zeit der NS-Diktatur, sollte Leipzig, nach Berlin, eine „Großkampfbahn" (SKRENTNY, S. 224) für über 100.000 Besucher erhalten. Der 2. Weltkrieg beendete jedoch diese Baupläne. 1948 begann man, aus Kriegstrümmern das Gelände erneut in eine Sportanlage zu verwandeln. Die DDR-Regierung beschloss 1955, das STADION DER HUNDERTTAUSEND zu bauen – als Architekt wurde KARL SOURADNY beauftragt. Der Bau wurde 1956 fertig gestellt und bot tatsächlich 100.000 Besuchern Platz auf 23 m hohen Wällen. Das ZENTRALSTADION war nun Mittelpunkt einer weitläufigen Sportanlage, des so genannten „Sportforums". ERICH HONECKER soll angesichts der großen Anlagen angeblich darüber nachgedacht haben, Leipzig als Austragungsort für die OLYMPISCHEN SPIELE ins Rennen zu schicken. Nach der Deutschen Wiedervereinigung bot die Anlage ein tristes Bild: „(Man) betrat .. ein Stadion, das eigentlich keines mehr war. Allerorten Verfallsspuren, die Bänke waren fast komplett demontiert" (SKRENTNY, S. 224). 1997 beschloss die Stadt, das Stadion zu erneuern und im Zuge der WM 2006 wurde in den Stadionwällen ab dem Jahr 2000 in vierjähriger Bauzeit das neue ZENTRALSTADION durch die Architekten WIRTH

© Christian A. Buschhoff

&WIRTH errichtet. Dafür wurden 166 Mio. EUR in das Bauwerk investiert, welches als reines Fußballstadion konzipiert ist.

**FACTSHEET WM-STADION LEIPZIG (ZENTRALSTADION IM SPORTFORUM)**

Zuschauerkapazität gesamt: ca. 45.000 überdachte Plätze

Davon Sitzplätze: 45.000

Davon Stehplätze: keine

Logen: 16

Stadioninnenfläche: k.A.

Leichtathletikrundbahn: nein

Sondernutzung: Konzerte

Zugänge zum Stadion: 9

Zugänge zum Spielfeld/Innenraum: k.A.

Presseplätze: max. 400

Pressezentrum: k.A.

Kamerapositionen: k.A.

Polizei- und Funktionslogen: vorhanden

Ü-Wagenstellfläche: im Südtunnel

Anzeigetafel: 63 m² LED (EUOR Display)

**KONTAKT**

ZENTRALSTADION Leipzig – ZSL Betreibergesellschaft mbH

Am Sportforum 2-3 . 04105 Leipzig

T +49 341 2341-122 . F +49 341 2341-111

www.sportforum-leipzig.com

# Kaiserslautern

„Woanders thronen Burgen, Wallfahrtskirchen oder Festungsaufbauten über den Städten, hier beherrscht ein 'Fußballpalast' das Bild" schreibt SKRENTNY (2001, S. 199) über den BETZENBERG, der diesen Namen offiziell jedoch gar nicht trägt. Und an anderer Stelle attestiert er, dass dieser „dem Fußballballfreund ein Begriff [sei], so wie es der Bayreuther Festspielhügel den Wagnerianern ist." Die Anfänge waren weitaus weniger theatralisch, denn erst 1931 bekommt der damalige „Sportplatz" eine große Nordtribüne nebst Leichtathletikanlagen und wird somit zu einem Stadion mit 18.000 Plätzen. Nach Kriegsende trainierte dort FRITZ WALTER im 'STADE DE MONTSABERT', benannt nach dem Befehlshaber der französichen Besatzer. Zur WM 1974 bewarb sich Kaiserslautern mit einem „Last-Minute-Angebot", erfüllte jedoch nicht die Anforderungen des DFB.

Architekt FOLKER FIEBIGER schlug später beim geplanten Neubau der Haupttribüne erheblicher Widerstand der Anwohner entgegen, die einen schädlichen Einfluss des Bauwerks fürchteten. Sein Vorgänger EGON OPP ging als mitverantwortlich für den Unfalltod eines FCK-Fans (1964) in die Geschichte ein. Eine Fehlkalkulation der Besucherkapazität einer Tribüne brachte den Verein in Mißkredit, führte aber in ganz Deutschland zur Überprüfung der Stadionkapazitäten. Zur WM 2006 wird auf dem BETZENBERG wieder gebaut (Investitionsvolumen: 53 MIO EUR), zum Zeitpunkt der Drucklegung kämpfte die Baustelle mit Problemen an der Dachkonstruktion.

**FACTSHEET WM-Stadion Kaiserslautern (Fritz-Walter-Stadion)**

Zuschauerkapazität gesamt: 48.500 überdachte Plätze (nach Umbau)
Davon Sitzplätze: 48.500 (internationale Turniere)
Davon Stehplätze: 16.363 (Ligabetrieb)
Logen: 12 mit je 9 Plätzen, zusätzlich 800 m² Hallenfläche für 3.000 Personen
Stadioninnenfläche: k.A.
Leichtathletikrundbahn: nein
Sondernutzung: derzeit nicht
Zugänge zum Stadion: 4
Zugänge zum Spielfeld/Innenraum: k.A.
Presseplätze: 100 (Oberrang Nord/Haupttribüne), Presseraum, Studio im „Medienturm"
Kamerapositionen: k.A.
Polizei- und Funktionslogen: vorhanden
Ü-Wagenstellfläche: nach Fertigstellung auf Standplatz P West
Anzeigetafel: drei Stück nach Fertigstellung, Besonderheit: Fernsehstudio vorhanden

**Kontakt**
Fritz-Walter-Stadion Kaiserslautern
Stadionstraße 11 . 67663 Kaiserslautern
T +49 631 3188-0 . F +49 631 3188-150
www.fck.de

# Nürnberg

In den 20er Jahren des letzten Jahrhunderts planten die Nürnberger Stadtväter, ganz im Gegensatz zu ihren Amtskollegen in Köln oder Hamburg, den Bau eines frei zugänglichen Volksparks, der weniger Sportstätte, sondern Erholungsraum sein sollte. 1927 wurde das fast 50 Hektar große Areal von Architekt SCHWEIZER fertiggestellt. Darunter die achteckige (!) Hauptkampfbahn, die für 40.000 Besucher ausgelegt war, von denen rund 2.500 auf der überdachten Tribüne Platz nehmen konnten. Die Aufsehen erregende Anlage war für die OLYMPISCHEN SPIELE 1936 im Gespräch – die Pläne von Landschaftsplaner HENSEL enthielten bereits die notwendigen Anlagen. Nach Kriegsende wurde der VOLKSPARK und das durch Aufmärsche bei den Reichsparteitagen des Nazi-Regimes als „Stadion der Hitlerjugend" bekannt gewordene Areal von der US-Amerikanischen Besatzungsmacht konfisziert und in VICTORY STADIUM umgetauft. Nach diversen Umbauten und Ergänzungen wurde darüber nachgedacht, die Kongresshalle aus der Nazizeit zu einem Großstadion umzubauen. Im Vorfeld der WM 1974 verabschiedete sich Nürnberg jedoch in die 2. Liga Süd und plötzlich waren „[...] WM und Ausbau nicht mehr aktuell" (SKRENTNY, S. 282).

Ende der 8oer Jahre entschied man sich für einen Neubau (Architekt WÖRRLEIN). Nach der Fertigstellung blieb vom alten VOLKSPARK und dem Stadion von 1928 nichts mehr übrig. Lediglich die Achteckform ist dem Bauwerk bis

© Pressearchiv Stadt Nürnberg

heute erhalten geblieben – im Bezug auf Sportstadien einmalig in Deutschland. Für die FIFA-WM 2006 investierten Stadt und Land nochmals 56 Mio. EUR für Um- und Ausbaumaßnahmen.

## FACTSHEET WM-STADION NÜRNBERG (STÄDTISCHES STADION, FRANKEN-STADION)

Zuschauerkapazität gesamt: 46.780 bei Ligabetrieb, 44.308 bei internationalen Spielen

Davon Sitzplätze: 39.700/ 44.308 (FIFA WM 2006)

Davon Stehplätze: 7.800 bei Ligabetrieb

Logen: 14, Centerlounge für 800 Personen, zusätzlich 400 m² Multifunktionsfläche

Stadioninnenfläche: ca. 15.000 m²

Leichtathletikrundbahn: ja

Sondernutzung: Konzerte auf Anfrage

Zugänge zum Stadion: k.A.

Zugänge zum Spielfeld/Innenraum: 4, zuzüglich Tore in der Zuschauerabsperrung

Presseplätze: 154, PK-Raum, 3 TV-Studios

Kamerapositionen: keine festen Kamerapositionen, Tribüne für gläserne TV-Studios

Polizei- und Funktionslogen: Nordwestkurve und Südwestkurve

Ü-Wagenstellfläche: vorhanden

Anzeigetafel: 2 Stück LED-Display, je 60 m²

**KONTAKT**

FRANKEN-STADION Nürnberg Betriebs-GmbH

Max-Morlock-Platz 1 . 90480 Nürnberg

T +49 911 8186 - 0 . F +49 911 8186 - 229

www.franken-stadion.de

# Stuttgart

Das heutige GOTTLIEB-DAIMLER-STADION trug in seiner Geschichte bereits fünf Namen. Im Gegensatz zu den anderen elf WM-Spielstätten darf das GOTTLIEB-DAIMLER-STADION seinen Namen auch während der FIFA-Fußballweltmeisterschaft 2006 tragen. Bei der WM 1974 und auch der EURO88 wurde in Stuttgart Fußball gespielt, 1993 war das Stadion Austragungsort der Leichtathletik-Weltmeisterschaft. Es erhielt seinerzeit von den Stuttgarter Architekten SCHLAICH, BERGERMANN und PARTNER Europas größtes Membrandach aus PVC-beschichtetem Polyestergewebe, das mittels einer Stahlseilkonstruktion von 40 Stahlstützen gehalten wurde. Dieses Dach überdeckt alle Zuschauerplätze, von denen nur noch rund 4.000 Plätze als Stehplätze ausgeführt sind.

Die letzte Umbaumaßnahme ist im Dezember 2005 nach 2-jähriger Bauzeit beendet worden. Das Stadion wird weiterhin als Mehrsportarena betrieben, d.h. die Einrichtungen für Leichtathletik bleiben erhalten, u.a. die Rundbahn mit acht Laufbahnen. Die Luftigkeit der Konstruktion zusammen mit der großzügigen Innenraumgestaltung führt jedoch bei einigen Plätzen zu einem deutlichen Sichtabstand zum Fußball-Spielfeld. Dafür bietet das Stadion jedoch eine umfangreiche Infrastruktur, gute Verkehrsanbindung und eine Vielzahl von Parkplätzen in der unmittelbaren Umgebung.

© Harald Scherer, Hannover

**FACTSHEET GOTTLIEB-DAIMLER-STADION, STUTTGART**

| | |
|---|---|
| Zuschauerkapazität gesamt: 55.237 überdachte Plätze | |
| Davon Sitzplätze: 51.050 | |
| Davon Stehplätze: 4.187 | |
| Logen: 44, Kapazität für 723 Gäste, zusätzlich 7 Tagungsräume und TV-Studio (Ebene 1) | |
| Stadioninnenfläche: 17.480 m² | |
| Leichtathletikrundbahn: ja | |
| Sondernutzung: Konzert Innenraum (Standort Bühne: Osttribüne vor „Marathon-Tor") | |
| Zugänge zum Stadion: 7 | |
| Zugänge zum Spielfeld/Innenraum: 29 Tore | |
| Presseplätze: 100 (Haupttribüne) | |
| PK-Raum/ Fotografenraumvorhanden | |
| Kamerapositionen: 6 (keine Hausverkabelung) | |
| Polizei- und Funktionslogen: Haupttribüne, nach Umbau auf der Gegentribüne | |
| Ü-Wagenstellfläche: 2.000 m² | |
| Anzeigetafel: 2 Stück LED-Videomatrix (je 132 m²) unterhalb des Stadiondachs | |

**KONTAKT**

GOTTLIEB-DAIMLER-STADION Stuttgart

Mercedesstraße 87 . 70372 Stuttgart

T +49 711 216-0 . F +49 711 216-33 26

www.stuttgart.de (Landeshauptstadt Stuttgart, Sportamt)

# München

Zu den OLYMPISCHEN SOMMERSPIE-
LEN 1972 baute GUNTHER BENISCH
eines „der weltweit wichtigsten Bauten des 20. Jahrhunderts", [...] „kein Stadion, sondern eine Ideallandschaft, ein Gesamtkunstwerk, in dem Stadt, Sport und Park in eins
fielen" (RAUTERBERG, zit. nach SKRENTNY 2001, S. 265). Im Bezug auf zeitgemäße
Nutzungsanforderungen für Fußballspiele soll FRANZ BECKENBAUER jedoch Ende der
90er Jahre gesagt haben, dass „Fußball schauen [...] allen Spaß machen und ein tolles
Erlebnis sein [soll]". Diese indirekte Kritik am OLYMPIASTADION konkretisierte er im
SPIEGEL (35/2000) dahingehend, dass er die Sprengung des Bauwerks forderte: „Es
wird sich doch ein Terrorist finden, der für uns diese Aufgabe übernimmt" (SKRENTNY,
2001, S. 265). Heute ist die bizarre Diskussion um den Abriss des OLYMPIASTADIONS eher
belustigender Natur, denn die beiden Münchner Vereine FC BAYERN MÜNCHEN und TSV

1860 MÜNCHEN teilen sich die neu erbaute ALLIANZ-ARE-NA, die im Vorort Fröttmaning gebaut wurde. Nach einem Bürgerentscheid 2001 mit überwältigender Zustimmung wurde der Entwurf der Architekten HERZOG/DE MEU-RON umgesetzt. Laut Pressetext reklamiert die bayerische Landeshauptstadt nunmehr „das modernste Stadion Europas" für sich, dessen Highlight im wahrsten Wortsinn

© Allianz Arena

die partiell beleuchtete Membranfassade darstellen dürfte. Diese kann in drei Farben
(rot, blau, weiß – die Vereinsfarben der beiden Hausherren) illuminiert werden. Auf
eine RGB-Mischung haben die Bauherren zugunsten der satten Vollfarben verzichtet.

In das Bauwerk wurden 340 Mio. EUR investiert. Der Skandal um geflossene Bestechungsgelder ist mittlerweile Geschichte. Jetzt blickt Deutschland und die Welt auf die FIFA-WM 2006, deren Eröffnungsspiel (plus fünf weitere Begegnungen) in der ALLIANZ-ARENA stattfinden wird.

### FACTSHEET WM-STADION MÜNCHEN (ALLIANZ-ARENA)

Zuschauerkapazität gesamt: 66.000 überdachte Plätze (Erweiterung auf 70.000 geplant)

Davon Sitzplätze: 66.000

Davon Stehplätze: in Nord- und Südkurve als Stehplätze nutzbare Variositze

Logen: 106, Kapazität für 1.374 Gäste

Stadioninnenfläche: 9.960 m²

Leichtathletikrundbahn: nein

Sondernutzung: nur Fußball

Zugänge zum Stadion: 5

Zugänge zum Spielfeld/Innenraum: 14

Presseplätze: 106 Logen, 120 Plätze im Presseclub

5 TV-Studios im Medienbereich

Kamerapositionen: 10 (Kameraanschlüsse an allen 10 vorhanden)

Polizei- und Funktionslogen: Ebene 7 und Ebene 0

Ü-Wagenstellfläche: vorhanden

Anzeigetafel: 2 Stück LED-Videomatrix (je 92 m², 16:9)

#### KONTAKT

ALLIANZ-ARENA München Stadion GmbH

Werner-Heisenberg-Allee 25 . 80939 München

T +49 89 2005-0 . F +49 89 2005-4009

www.allianz-arena.de

## HARTMUT H. STARKE

Hartmut H. Starke kennt den Umgang mit Verordnungen aus der täglichen Praxis als technischer Aufsichtsbeamter beim Staatlichen Gewerbeaufsichtsamt in Hannover.

Er war verantwortlich für die veranstaltungstechnische Betreuung der EXPO 2000, doziert an verschiedenen Einrichtungen zum Thema Arbeitsschutz und Versammlungsstättenverordnung und kennt die Probleme der praktischen Umsetzung einer Verordnung durch vielfältige Abnahmen von Veranstaltungen, Messen, Kongressen und sonstigen Events.

## HARALD SCHERER

Harald Scherer studierte Wirtschaftsingenieurwesen an der TU Braunschweig und Angewandte Medienwissenschaft (Medien Management) an der Hochschule für Musik und Theater Hannover.

Er arbeitet seit mehr als zehn Jahren im Veranstaltungsbereich. Seit 1997 ist er Geschäftsführer des 4events show & media network, Hannover. Schwerpunktmäßig arbeitet er in den Bereichen Direktkommunikation, Eventtechnik und Film/TV Service. Sein Hauptaugenmerk liegt auf der umfassenden Veranstaltungsplanung mit den Schwerpunkten Lichtdesign und Bühnengestaltung.

## CHRISTIAN A. BUSCHHOFF

Seit vielen Jahren arbeitet Christian A. Buschhoff im Bereich Veranstaltungstechnik. Der geprüfte Meister für Veranstaltungstechnik betreut als Planer, Berater und Technischer Leiter Veranstaltungen jeglicher Größenordnung im In- und Ausland.

Er wirkte maßgeblich bei der Gestaltung und Umsetzung von Technischen Richtlinien für Großveranstaltungen mit, und sammelte so viele wichtige und nützliche Erfahrungen beim Umgang mit Verordnungen in der alltäglichen Praxis.

Bei Fragen oder Anregungen zum Buch können die Autoren per Email kontaktiert werden über xemp@xemp.de. Auf der Webseite www.xemp.de befinden sich zusätzliche Informationen zum Buch (Downloadlinks, Aktualisierungen etc.) und Hinweise zum Service von xEMP.

Anhang

Anhang 1
Freiwillige Selbstverpflichtung

# 1. Organisationssicherheit

(1) Mit der Leitung und Aufsicht der Arbeiten in Veranstaltungs- und Produktionsstätten sowie deren Errichtung und Abbau werden Bühnen- und Studiofachkräfte
gemäß Abs. 5 beauftragt. Diesen wird die Weisungskompetenz im Bereich Arbeitsschutz gegenüber allen Beteiligten übertragen.

(2) Die Pflichten und Rechte werden ihnen vom Veranstaltungsunternehmen übertragen.

(3) Es werden die verantwortlichen Führungskräfte entsprechend der zu erwartenden
Gefährdung eingesetzt.

(4) Der Auswahl der notwendigen Führungskräfte sowie der Festlegungen der
Arbeitsschutzmaßnahmen werden die folgenden Veranstaltungskategorien zu
Grunde gelegt:

1. Geringes Gefahrenpotenzial:
   Bühnen- oder Szenenflächen mit fest eingebauten Beleuchtungs- und Be-
   schallungseinrichtungen und ohne mobile Veranstaltungstechnik und Unter- bzw.
   Obermaschinerie. Publikumsdruck auf die Szenenfläche ist nicht zu erwarten.

2. Mittleres Gefahrenpotenzial:
   Bühnen- oder Szenenflächen mit mobiler Veranstaltungstechnik, wie z.B. Groundsupport oder geflogenen Traversensystemen ohne Verfahrvorgänge, die szenisch
   bedingt sind sowie Höhenarbeitsplätzen (z. B. Trussverfolger). Minimaler Einsatz
   von Pyrotechnik und/oder Feuereffekten.
   Kleine mobile Szenenflächen und Fliegende Bauten im Open Air-Geschäft.
   Publikumsdruck auf die Szenenfläche ist zu erwarten.

3. Hohes Gefahrenpotential:

Bühnen- oder Szenenflächen mit Unter- bzw. Obermaschinerie, mit mobiler Veranstaltungstechnik wie z.b. Groundsupport oder geflogenen Traversensystemen, mit Verfahrvorgängen, die szenisch bedingt sind sowie Höhenarbeitsplätzen (z.b. Trussverfolger). Umfangreicher Einsatz von Pyrotechnik und/oder Feuereffekten. Große mobile Szenenflächen und Fliegende Bauten im Open Air Geschäft.

Hoher Publikumsdruck auf die Szenenfläche ist zu erwarten.

(5) Als Führungskräfte werden mindestens eingesetzt:

1. Bei geringem Gefahrenpotential: Erfahrene Bühnenhandwerker/
   Veranstaltungs-Operatoren.

2. Bei mittlerem Gefahrenpotential: Fachkräfte für Veranstaltungstechnik.

3. Bei hohem Gefahrenpotential: Meister und Assistenten für Veranstaltungstechnik der Fachrichtung Bühnen/Studios, Beleuchtung, Halle sowie Ingenieure für Veranstaltungs- und Theatertechnik.

(6) Alle Veranstaltungen werden mittels einer schriftlich festgelegten Organisations- und Delegationsstruktur vorbereitet und durchgeführt.

Der Organisations-, Ablauf- und SiGe-Plan wird den beteiligten Auftragnehmern verbindlich vorgegeben, und für alle Beteiligten auf der Veranstaltungsstätte öffentlich und verbindlich gemacht.

(7) Die Verantwortlichen der Teilgewerke und ihre Mitarbeiter unterwerfen sich den Weisungen der technischen Leitung.

(8) Durch die verbindlich zu erstellende Gefährdungsanalyse wird der Bedarf an persönlicher Schutzausrüstung, sowie an die persönlichen Vorraussetzungen für die Beschäftigten ermittelt.

Daraus werden die Bedingungen für die Beschäftigung insbesondere von Helfern abgeleitet.

(9) Alle in der Vorbereitung, Durchführung und Nachbereitung der Veranstaltungen Beschäftigten werden anhand der Gefährdungsanalyse und des Organisationsplanes sicherheitstechnisch unterwiesen.

## 2. Technische Sicherheit

(1) Bei veranstaltungstechnische Installationen im Innenbereich werden:

1. Tragwerke wie z.B. Traversensysteme durch qualifizierte Unternehmen oder speziell gebildete, qualifizierte Teams unter qualifizierter Leitung errichtet oder geflogen. Die statische und dynamische Belastbarkeit wird entweder im Rahmen der Herstellerspezifikationen der Bauelemente und -systeme durch die Fachdienstleister garantiert oder darüber hinaus durch sachverständige Begutachtung sichergestellt.

2. bühnentechnische Einrichtungen wie Licht-, Ton-, Video- und Effektgeräte durch qualifizierte Unternehmen oder speziell gebildete, qualifizierte Teams unter qualifizierter Leitung, errichtet und betrieben.

3. bühnentechnische Einrichtungen mit besonderer Problematik, wie z.B. Feuereffekte mit Gas, Lycopodium oder Pyrotechnik werden von Fachpersonen geplant, installiert und szenisch eingesetzt. Der Einsatz von Pyrotechnik wird von Befähigungsscheininhabern (§ 20 SprengG) geplant, installiert und szenisch eingesetzt.

4. alle technischen Einbauten in Abstimmung mit der „Technischen Leitung" der Spielstätte errichtet und betrieben.

(2) Bei veranstaltungstechnischen Installationen im Open-Air-Bereich werden:

1. Temporäre Bühnenhäuser, FOH-Stände, freistehende Traversenanlagen, Tragwerke wie z.B. Traversensysteme durch qualifizierte Unternehmen oder speziell gebildete, qualifizierteTeams unter qualifizierter Leitung errichtet .

2. Die Einhaltung der zulässigen statischen und dynamischen Belastbarkeiten, insbesondere auch die zulässigen Lastannahmen für den Einbau von veranstaltungstechnischen Einrichtungen entweder entsprechend der Ausführungsgenehmigung als „Fliegender Bau" sichergestellt, oder, sofern eine solche nicht besteht, durch sachverständige Begutachtung als Einzelnachweis ausgeführt.

3. Open-Air-Installationen insbesondere nach der Richtlinie „Fliegende Bauten" ausgeführt.

4. Technisches Gerät und szenische Einbauten und Einrichtungen nach den gleichen Grundsätzenwie im Innenbereich errichtet und betrieben.

## 3. Handbuch
Alle Maßnahmen, die sich aus dem Vorstehenden ergeben, werden im Veranstaltungshandbuch zusammengefasst. Dieses befindet sich während der Aufbau-, der Abbauphase und der Produktion am Veranstaltungsort.

Quelle: Staatliches Gewerbeaufsichtsamt Hannover

Anhang 2

**Muster für die Beauftragung des SiGeKo**

Koordinierung v. Arbeiten
Unternehmen

_____

_____

_____

# Koordinierung von Arbeiten
gemäß § 6 BGV A1 „Allgemeine Vorschriften" (BGV A1/bisherige VBG 1)

Wir benennen Herrn/Frau

_____

für die Zeit vom _____ bis _____ auf der _____

Baustelle _____ als Koordinator.

Der Koordinator hat gemäß § 6 Abs. 1 BGV A1 „Allgemeine Vorschriften" Weisungsbefugnis gegenüber dem auf der Baustelle tätigen Auftragnehmerpersonal, so weit dies für einen sicheren Arbeitsablauf und die Vermeidung gegenseitiger Gefährdungen beim Einsatz verschiedener Gewerke erforderlich ist.

Die Verpflichtung und die Verantwortung der Auftragnehmer werden hierdurch weder eingeschränkt noch aufgehoben.

_____

Ort, Datum, Unterschrift des Unternehmers

_____

Ort, Datum, Unterschrift des Koordinators

Abberufung:
Die Benennung zum Koordinator erlischt mit Ablauf des _____

Anhang 3

**Bestätigung der Übertragung von Unternehmerpflichten**
(§ 15 Abs. 1 Nr. 1 SGB VII, § 9 Abs. 2 Nr. 2 OWiG , § 3 Abs. 1 und 2 ArbSchG)

Herrn/Frau

_____

werden für den Betrieb/die Abteilung *)
der Firma

_____

(Name und Anschrift des Unternehmens)

die dem Unternehmer hinsichtlich des Arbeitsschutzes und der Verhütung von Arbeitsunfällen, Berufskrankheiten und arbeitsbedingten Gesundheitsgefahren obliegenden Pflichten übertragen, in eigener Verantwortung

- Einrichtungen zu schaffen und zu erhalten *)
- Anordnungen und sonstige Maßnahmen zu treffen *)
- eine wirksame Erste Hilfe sicherzustellen
- arbeitsmedizinische Untersuchungen oder sonstige arbeitsmedizinische
  Maßnahmen zu veranlassen *)

soweit ein Betrag von EUR nicht überschritten wird. *) _____

Dazu gehören insbesondere: _____

_____

Ort, Datum

_____

Unterschrift des Unternehmers          Unterschrift des Verpflichteten

*) Nichtzutreffendes streichen

Quelle : HVBG (Hauptverband der Berufsgenossenschaften)

# Literaturverzeichnis

B.A.F.F. (Hrsg.) (2004). Die 100 „schönsten" Schikanen gegen Fußballfans. Repression und Willkür rund ums Stadion. Grafenau: Trotzdem Verlag.

BMI (2005 A). Die Förderung des Bundes beim Bau, der Modernisierung und Ergänzung von Sportstätten. Elektronische Publikation:
http://www.bmi.bund.de/cln_012/nn_164728/Internet/Content/Themen/Sport/DatenundFak ten/Die__Foerderung__des__Bundes__beim__Bau__der__Id__95043__de.html

BMI (2005 B). Nationales Sicherheitskonzept FIFA-WM 2006. Elektronische Publikation:
http://www.bmi.bund.de/cln_012/nn_121894/Internet/Content/Common/Anlagen/Nachricht en/Pressemitteilungen/2005/05/Nationales__Sicherheitskonzept__WM2006,templateId=raw ,property=publicationFile.pdf/Nationales_Sicherheitskonzept_WM2006

BRUHN, M. (2005). Unternehmens- und Marketingkommunikation. Handbuch für ein integriertes Kommunikationsmanagement. München: Vahlen.

BUFORD, B. (1992). Geil auf Gewalt. München: Hanser

DFB, Deutscher Fußball Bund (2004). Richtlinien zur Verbesserung der Sicherheit bei Bundesspielen. Elektronische Publikation: http://www.dfb.de/dfb-info/pinnwand/sicher/sicherheit3.pdf

DOLLASE, R. (1998). Das Publikum in Konzerten, Theatervorstellungen und Filmvorführungen. In B. (Hrsg.). Zuschauer. Göttingen: Hogrefe.

DUNNING, E.G., MAGUIRE, J.A., MURPHY, P.J. & WILLIAMS, G.M. (1982). The social roots of football hooliganism. *Leisure Studies*, 1 (2), 139-156.

ETCHEVERRY, G. (1990). Nous sommes tous des hooligans. Paris: Édition l'age d'homme.

FRIEDERICI, M.R. (1998). Sportbegeisterung und Zuschauergewalt. Münster: Lit Verlag

GABLER, H., SCHULZ, H. & WEBER, R. (1982). Zuschaueraggressionen. Eine Feldstudie über Fußballfans. In G. Pilz (Hrsg.). Berichte der Projektgruppe „Sport und Gewalt" des Bundesinstituts für Sportwissenschaft. Sport und Gewalt. Schorndorf: BISw, S. 23-59.

GABLER, H. (1998). Zuschauen im Sport – Sportzuschauer. In B. Strauß (Hrsg.). Zuschauer. Göttingen: Hogrefe.

GABRIEL, M. (Red.) (2005). Fanprojekte 2005. Zum Stand der sozialen Arbeit mit Fußballfans. Frankfurt: Deutsche Sportjungend.

GANS, P., HORN, M. & ZEMANN, C. (2003). Sportgroßveranstaltungen. Ökonomische, ökologische und soziale Wirkungen. Schorndorf: Hoffmann.

GEHRMANN, T. (1990). Fußballrandale. Hooligans in Deutschland. Essen: Klartext.

GIULIANOTTI, R., BONNEY, N. & HEPWORTH, M (ed.) (1994). Football, Violence and Social Identity. London: Routledge.

HAHN, E., PILZ, G.-A., STOLLENWERK, H.-J. & WEIS, K. (1988). Fanverhalten, Massenmedien und Gewalt im Sport. Schorndorf: Hoffmann.

HEITMEYER, W. & PETER, J.-I. (1988), Jugendliche Fußballfans. Soziale und politische Orientierungen, Gesellungsformen, Gewalt. Weinheim: Juventa.

HENNES, W. (1993). Das Sicherheitskonzept des Deutschen Fußball-Bundes. In: Württembergischer Fußballverband (Hrsg.), Sicherheit im Stadion. Stuttgart: o.V.

HENNES, W. (1994). Sicherheitsfragen bei Sportveranstaltungen. Anforderungen und Maßnahmen des DFB. In W. Schild (Hrsg.). Rechtliche Aspekte bei Sportgroßveranstaltungen. Heidelberg: C.F. Müller.

HÜTHER, J. (1994). Fußball, Zuschauer, Gewalt und Medien. Historische und aktuelle Aspekte gegenseitiger Abhängigkeiten. In R. Kübert, H. Neumann, J. Hüther & W.H. Swoboda, (Hrsg.). Fußball, Medien und Gewalt. Medienpädagogische Beiträge zur Fußballfan-Forschung. München: KoPäd, S. 5-20.

KERR, J.H. (1994). Understanding soccer hooliganism. Buckingham: Open University Press.

KÜBERT, R., NEUMANN, H., HÜTHER, J. & SWOBODA, W.H. (1994). Fußball, Medien und Gewalt. Medienpädagogische Beiträge zur Fußballfan-Forschung. München: KoPäd.

LITTMANN, K. (2004). Kultort Stadion. Basel: Friedrich Reinhardt Verlag.

LÖFFELHOLZ, M. (2004). Die Fan-Projekte und das Dilemma der Modernisierung. Frankfurt am Main: Koordinationsstelle Fan-Projekte bei der Deutschen Sportjugend.

LÖSEL, F., BLIESENER, T., FISCHER, T. & PABST, M.A. (2001). Hooliganismus in Deutschland. Ursachen, Entwicklung, Prävention und Intervention. Berlin: Bundesministerium des Inneren.

MAURER, K. (1995). Sinnvolle Einsatzplanung bei Großveranstaltungen. Rettungsdienst, 4, 23-28.

MIKOS, L. (2002). Freunde fürs Leben. Kulturelle Aspekte von Fußball, Fernsehen und Fernsehfußball. In J. Schwier (Hrsg.). Mediensport. Ein einführendes Handbuch. Hohengehren: Schneider, S. 27-50.

MURPHY, P., WILLIAMS, J. & DUNNING, E. (1990). Football on Trial. Spectator violence and development in the football world. London/New York: Routledge.

OPASCHOWSKI, H. (2000). Kathedralen des 21. Jahrhunderts. Erlebniswelten im Zeitalter der Eventkultur. Hamburg: Germa Press.

PFAFF, S.M. (2003). Erlebnismarketing für die Besucher von Sportveranstaltungen. Erlebnisstrategien und -instrumente am Beispiel der Fußballbundesliga. Göttingen: Business Village.

PILZ, G. A. (Hrsg.) (1990). Das Fußballfanprojekt Hannover. Ergebnisse und Perspektiven aus praktischer Arbeit und wissenschaftlicher Begleitung. Münster: Lit.

SCHILD, W. (1994). Rechtliche Aspekte bei Sportgroßveranstaltungen. Heidelberg: Müller.

SCHWIER, J. (2002). Sport, Medien und Repräsentation. In J. Schwier (Hrsg.). Mediensport. Ein einführendes Handbuch. Hohengehren: Schneider, S. 1-6.

SCHULZE, G. (2005). Die Erlebnisgesellschaft. Kultursoziologie der Gegenwart. Frankfurt/Main: Campus.

SKRENTNY, W. (Hrsg.) (2001). Das große Buch der deutschen Fußballstadien. Göttingen: Die Werkstatt.

STARKE, H.H., BUSCHHOFF, C.A. & SCHERER, H. (2004). Praxisleitfaden Versammlungsstättenverordnung. Ein Anwendungshandbuch für Berufspraxis, Ausbildung, Betrieb und Verwaltung. Berlin/Hannover/Norderstedt: xEMP/BoD.

WALLENHORST, H.J. & KLINGEBIEL, H. (1988). Neunzig Jahre SV „Werder". Geschichte eines Bremer Sportvereins, 1899-1989. Bremen: Verlag der Bremer Tageszeitungen.

WEINBERG, P. (1992). Erlebnismarketing. München: Vahlen.

WILLIAMS, J., DUNNING, E. & MURPHY, P. (1988). Hooliganism after Heysel. Crowd behaviour in England and Europe 1985 -1988. Leicester: Sir Norman Chester Centre for Football Research.

# Abbildungs- und Tabellenverzeichnis